Papst Franziskus

Predigten aus den Morgenmessen in Santa Marta

W0034346

Papst Franziskus

# PREDIGTEN AUS DEN MORGENMESSEN IN SANTA MARTA

Mit einer Einführung von Stefan von Kempis

HERDER

FREIBURG · BASEL · WIEN

Die Predigtmitschriften dieses Bandes erscheinen hier mit freundlicher Genehmigung in der Fassung des »Osservatore Romano«, Wochenausgabe in deutscher Sprache.

Titel der Originalausgabe:
Le parole di Papa Francesco
Omelie del mattino
Nella Cappella della Domus Sanctae Marthae
© Libreria Editrice Vaticana 2013

Für diese Ausgabe:
© Verlag Herder GmbH, Freiburg im Breisgau 2014
Alle Rechte vorbehalten
www.herder.de

Satz: Barbara Herrmann, Freiburg
Herstellung: CPI books GmbH, Leck
Printed in Germany

ISBN (Buch): 978-3-451-33531-0
ISBN (E-Book): 978-3-451-80182-2

# Inhalt

*Einführung*

## Die Revolution der Einfachheit

Am 22. November 1786 stieg Johann Wolfgang von Goethe zusammen mit einem Freund auf das Dach des Petersdoms in Rom, um von der Kuppel aus das Panorama zu genießen. »Als wir auf dem Gesimse des Tambours standen, ging der Papst unten in der Tiefe vorbei, seine Nachmittagsandacht zu halten«, berichtet Goethe in seiner *Italienischen Reise:* »Es fehlte uns also nichts zur Peterskirche.«[1] Knapp drei Wochen zuvor hatte der Olympier an einer Papstmesse im Quirinalspalast teilgenommen, doch da war ihm Pius VI. »sich wie ein gemeiner Pfaffe gebärdend und murmelnd«[2] vorgekommen, weshalb er die Flucht »ins Freie der gewölbten und gemalten Säle« angetreten hatte.

Heute, über 200 Jahre später, ist es wieder so weit: Ein Papst feiert an jedem Werktag außer mittwochs die Messe wie ein gewöhnlicher Pfarrer. Er heißt Franziskus und zelebriert zusammen mit Vatikanmitarbeitern, Besuchergruppen oder den Ange-

---

[1]  Hamburger Ausgabe Bd. 11, München 1988, S. 141.
[2]  Ebd., S. 127.

hörigen römischer Pfarreien im Vatikangästehaus Santa Marta, in dem er auch wohnt – der Pfarrer von Santa Marta, sozusagen. Am 22. März 2013, nur neun Tage nach seiner Wahl zum römischen Bischof, begann die Reihe dieser Eucharistiefeiern, und längst sind seine frei gehaltenen Frühpredigten zu einem Markenzeichen des argentinischen Pontifikats geworden.

Wer einmal dabei sein durfte morgens um sieben, wird das nicht so bald vergessen. Vor allem der Schlichtheit, der Beiläufigkeit wegen. Franziskus betritt die moderne Kapelle unter dem Gästehaus wie ein Hausmeister – fast erwartet man, einen Schlüsselbund klimpern zu hören – und er feiert die Messe mit der Einfachheit eines normalen Priesters: vollkommen unspektakulär. Keine Orgel spielt, die Mitfeiernden können sich ihren Platz frei wählen (fest steht lediglich, dass die konzelebrierenden Priester vorn sitzen), und nur allmählich dämmert das Tageslicht durch die Fenster rechts herein. Putzfrauen oder Gärtner knien während der Messe neben hohen Prälaten oder Botschafterinnen; hinterher steht Franziskus im Foyer des Gästehauses und unterhält sich noch ein wenig mit seinen Gästen. Das ist der Rahmen, in dem Morgen für Morgen die Revolution von Santa Marta stattfindet. Eine Revolution der *simplicitas*. Der Papst ist, allem voran, ein Seelsorger: Das gibt der Kirche ein anderes Gesicht.

»Es gelingt mir, die einzelnen Personen, eine nach der anderen, anzuschauen, in persönlichen Blickkontakt mit denen zu treten, die ich vor mir habe.« Diese Worte von Franziskus aus einem Interview vom September 2013 kann man auf seine Predigten in Santa Marta beziehen. Vor allem eines sind diese Predigten: kurz. Jedes Mal geht Papst Bergoglio von der Lesung bzw. dem Evangelium des Tages aus; er wählt einfache (manchmal sogar selbstgemünzte, aus dem Spanischen ins Italienische hinübererfundene) Worte, nennt praktische Beispiele, macht auch mal einen Witz. Und jedes Mal lässt er die Homilie in ein Gebet münden: »Bitten wir den Herrn um diese Gabe – dass wir nicht so sauertöpfisch dreinschauen«, oder so ähnlich.

Die Vatikanzeitung *L'Osservatore Romano* und Radio Vatikan veröffentlichen jeden Tag eine Zusammenfassung des Textes (die Publikation des vollen Wortlauts will der Papst nicht), auf einem *Youtube*-Kanal des Vatikans sind Ausschnitte zu sehen, und häufig wird eine besonders griffige Formulierung des Heiligen Vaters (Beispiel: »Der Heilige Geist ist kein Gewerkschafter« oder »Maria ist doch keine Postbeamtin, die uns ständig Botschaften schickt«) von Nachrichtenagenturen aufgeschnappt und bildet die Zeitungs-Schlagzeile des nächsten Tages. Ohnehin verfolgen alle, die sich für den Vatikan und diesen Papst interessieren, die Predigten von Santa Marta mit besonderer Aufmerksamkeit, schließlich kann man ihn hier nahezu ungefiltert hören bzw. lesen: die tägliche Dosis des »Spontifex Maximus«, wie manche sagen.

## »Diese Sprache ist eine Tonart«

Nun sollte man sich aber von der Einfachheit der Predigten, von ihren volkstümlichen Wendungen nicht in die Irre führen lassen. Dieser Papst ist nicht einfältig; es genügt, einmal in seinen Betrachtungen *Offener Geist und gläubiges Herz* (Freiburg 2013) zu blättern, um festzustellen, zu welch profunden Ausführungen er imstande ist. Nein, seine Verständlichkeit ist Programm: Franziskus will auf Augenhöhe zu den Menschen sprechen, will ihr Bruder sein und nicht eine Art Gottkönig. Mit der triumphalistischen Tradition des Papsttums hat Papst Bergoglio gründlich gebrochen, und zwar gerade durch seine täglichen Dorfpfarrer-Auftritte im Vatikanhotel; schon deswegen gehören diese Predigten, so sehr sie auch dem »Zufall« der jeweiligen Tageslesung verhaftet scheinen und so leichtgängig sie auch daherkommen, zum Bleibenden dieses Pontifikats.

Im Apostolischen Schreiben *Die Freude des Evangeliums,* seiner ersten großen Programmschrift, wird schnell deutlich, wie wichtig dem Papst die

Predigt innerhalb der Messfeier ist und welch intensive Vorbereitung sie seiner Ansicht nach braucht. Zuhörer wie Prediger hätten oft zu leiden, hat Franziskus beobachtet, »die einen beim Zuhören, die anderen beim Predigen«;[3] dabei könne die Predigt doch »wirklich eine intensive und glückliche Erfahrung des Heiligen Geistes sein, eine stärkende Begegnung mit dem Wort Gottes«, »Höhepunkt des Gesprächs zwischen Gott und seinem Volk vor der sakramentalen Kommunion«. Nun dürfe sie zwar »keine Unterhaltungs-Show sein«, aber dennoch gelte: »Wer predigt, muss das Herz seiner Gemeinde kennen«, er darf zu den Gläubigen »im Dialekt der Mutter« sprechen, ja er »muss auch ein Ohr beim Volk haben«. Luther hätte gesagt: dem Volk aufs Maul schauen.

Hier wird deutlich, welche Messlatte Papst Franziskus an sein eigenes Predigen anlegt, welche Sprache er selbst verwenden will: »Diese Sprache ist eine Tonart, die Mut, Ruhe, Kraft und Impuls vermittelt.« Im »mütterlich-kirchliche(n) Bereich, in dem sich der Dialog des Herrn mit seinem Volk abspielt«, brauche es »die herzliche Nähe des Predigers, die Wärme des Tons seiner Stimme, die Milde des Stils seiner Sätze und die Freude seiner Gesten«. Seien diese Voraussetzungen erfüllt, dann dürfe die

---

[3] Dieses und die folgenden Zitate aus Evangelii gaudium Nr. 135–159.

Predigt auch ruhig »etwas langweilig« sein, »so wie die langweiligen Ratschläge einer Mutter mit der Zeit im Herzen der Kinder Frucht bringen«.

## PREDIGEN: EINE EINLADUNG ZUM GESPRÄCH

Denn die Predigt ist der Ort des Gesprächs Gottes mit seinem Volk. Darum muss sie vor allem ein Dialog sein, so Papst Franziskus. »Der Herr und sein Volk reden in tausendfacher Weise direkt miteinander, ohne Mittler. In der Homilie aber wollen sie, dass jemand sich zum Werkzeug macht und die Empfindungen zum Ausdruck bringt, so dass in der Folge jeder entscheiden kann, wie er das Gespräch fortsetzen will.« Ein Prediger sollte nach dem Dafürhalten des Papstes »akzeptieren, zuerst von jenem Wort getroffen zu werden, das die anderen treffen soll«. Und er sollte »die Botschaft des biblischen Textes mit einer menschlichen Situation ... verbinden, mit etwas aus ihrem Leben, mit einer Erfahrung, die das Licht des Wortes Gottes braucht«. Das heißt nicht »etwas Interessantes zu finden, um darüber zu sprechen«, und erst recht nicht »Berichte über aktuelle Ereignisse zu bieten, um Interesse zu wecken – dafür gibt es bereits die Fernsehprogramme«. Vielmehr soll das Wort Gottes durch den, der es auslegt, in die konkrete Situation der Hörer hineinsprechen, statt im Ungefähren oder bloß Erbaulichen zu bleiben.

Neben dem Sitz im Leben der Zuhörer gehören zu einer guten Predigt nach der Überzeugung des Papstes auch Bilder: »Eine gute Homilie muss, wie mir ein alter Lehrer sagte, ›eine Idee, ein Gefühl und ein Bild‹ enthalten.« Mit Verve verteidigt Franziskus seine Bemühungen um eine einfache Redeweise. »Die Einfachheit hat etwas mit der verwendeten Sprache zu tun. Um nicht Gefahr zu laufen, umsonst zu sprechen, muss es die Sprache sein, die die Adressaten verstehen ... Die größte Gefahr für einen Prediger besteht darin, sich an die eigene Sprache zu gewöhnen und zu meinen, dass alle anderen sie gebrauchen und von selbst verstehen. Wenn man sich an die Sprache der anderen anpassen will, um sie mit dem Wort Gottes zu erreichen, muss man viel zuhören, das Leben der Leute teilen ...« Dann kann man auch nicht im Apostolischen Palast logieren, sondern muss in Santa Marta beim vatikanischen Fußvolk wohnen. Der Papst formuliert hier nicht nur eine Absage an kirchliches Fachchinesisch, sondern er entwickelt aus seiner Vision des Predigens die Forderung nach einem neuen Lebensstil.

Nicht zuletzt geht es Franziskus bei seinen Predigten um eine »positive Sprache«: »Sie sagt nicht so sehr, was man nicht tun darf, sondern zeigt vielmehr, was wir besser machen können ... um nicht bei der

Klage, beim Gejammer, bei der Kritik oder bei Gewissensbissen stehenzubleiben.« Dass das kein Verschweigen des Unangenehmen, ja des Bösen bedeutet, werden die Leserinnen und Leser dieses Buches schnell feststellen; wie oft nennt der Papst in diesen Predigten zum Beispiel – für unsere Ohren durchaus ungewohnt – den Teufel beim Namen!

## DER PFARRER VON SANTA MARTA

Längst haben sich Literatur- und Sprachwissenschaftler mit dem Zungenschlag des argentinischen Papstes beschäftigt; ihnen fällt vor allem sein geschickter Einsatz positiv besetzter Begriffe auf. Der Jesuit Antonio Spadaro hört aus der freien Rede des Franziskus außerdem »einen gewissen Rhythmus« heraus, »der wellenförmig zunimmt« und »von der lebendigen Beziehung mit seinen Gesprächspartnern lebt«: »Wer aufmerksam ist, der sollte nicht nur auf den Inhalt hören, sondern auch auf die Dynamik der Beziehung, die dadurch entsteht«, rät er.[4] Zum »wellenförmigen« oder »zirkulären« Sprechstil gehört, dass ein und derselbe Begriff in mehreren Predigten auftaucht, oft in etwas veränderter Akzentuierung. Es lohnt sich daher auch für die Leser dieser Santa-

---

[4] Civiltà Cattolica, 4. 1. 2014.

Marta-Texte, Predigten, in denen ein Schlüsselwort wie etwa »Demut« auftaucht, zueinander in Beziehung zu setzen: »auch mal kreuz und quer zu lesen, die eine neben die andere Predigt zu halten, ›Barmherzigkeit‹ nicht einfach nur so zu verstehen, sondern immer in Bezug auf das, was er vorher darüber gesagt hat und was er vielleicht später einmal sagen wird« *(P. Bernd Hagenkord SJ).*[5]

Wo zahlreiche Kettfäden zwischen Predigten hin- und herlaufen und wo Gott nach Franziskus' fester Überzeugung durch die Predigt zu uns spricht, da will ich auch die Leser dieses Buches einladen, sich von den Texten direkt anreden zu lassen. »Die Zuhörer sind nicht weniger wichtig als der Sprecher«, notierte der Argentinier Jorge Luis Borges im Vorwort zu seinen letzten Vorträgen; dieses Buch enthalte lediglich »meinen persönlichen Anteil« an diesen Auftritten, und »ich hoffe, dass der Leser sie bereichern wird«.[6] Ein Gleiches lässt sich auch von den hier versammelten Predigten des argentinischen Papstes sagen.

Franziskus will die Menschen zur direkten Begegnung mit Jesus einladen, doch einen Santa-Marta-Tourismus möchte er unbedingt vermeiden. »Liturgie ist das Eintreten ins Geheimnis Gottes«,

---

[5] N;blog.radiovatikan.de, 2. 2. 2014.
[6] Werke Bd. 16, Hg. G. Haefs und F. Arnold, Fischer, Frankfurt a. M. 2006, S. 11.

räsonnierte er am 10. Februar 2014 während seiner Frühmesse. »Ich bin mir zum Beispiel sicher, dass ihr alle hierhin kommt, um ins Geheimnis einzutreten, aber vielleicht sagt der eine oder andere auch: Also, ich muss unbedingt zur Messe nach Santa Marta, denn das gehört jetzt zur Sehenswürdigkeiten-Tour von Rom, dass man den Papst morgens in Santa Marta besucht ... Das ist ein bisschen touristisch, oder?« Auf der Radio-Vatikan-Tonspur hörte man den Papst lachen, doch dann fuhr er fort: »Ihr kommt hierhin, und wir treffen uns hier, um ins Geheimnis einzutreten. Das ist Liturgie. Die Zeit Gottes, der Raum Gottes, die Wolke Gottes, die uns alle umhüllt.«[7]

*Stefan von Kempis*

---

[7] Eigene Übersetzung des Audio-Mitschnitts.

## Gegen ein Herz aus Stein

»Wenn wir ein Herz aus Stein haben, dann kann es geschehen, dass wir wirkliche Steine in die Hand nehmen und Jesus Christus in der Gestalt unserer Mitmenschen, vor allem der Schwächsten unter ihnen, steinigen.« Das sagte Papst Franziskus in seiner Predigt mit Bezug auf die Lesung des Tages im Verlauf der heiligen Messe, die er am Freitagvormittag, 22. März, in der Kapelle des vatikanischen Gästehauses »Domus Sanctae Marthae« zelebrierte. Eine ganz einfache Messfeier, zu welcher der Papst die beim Governatorat des Staates der Vatikanstadt beschäftigten Gärtner und Müllentsorger eingeladen hatte und denen er eine kurze, aus dem Stegreif gehaltene Predigt hielt, die vor allem auf jene Stelle im Johannes-Evangelium Bezug nahm, welche die Geschichte über die Juden erzählt, die Jesus steinigen wollten. ...

*Freitag, 22. März 2013*


## Der Friede ist ein Geschenk Gottes

Der Friede kann nicht gekauft oder verkauft werden: Er ist ein Geschenk Gottes. Und wir müssen um ihn bitten. Daran erinnerte Papst Franziskus am Donnerstagvormittag, 4. April, als er über das

»Staunen« der Emmaus-Jünger angesichts der Wunder Jesu sprach. Der Anlass hierzu war der Kommentar der Bibelstelle aus dem *Lukasevangelium* (24,35–48), die heute früh im Verlauf der üblichen Morgenmesse in der Kapelle des Gästehauses »Domus Sanctae Marthae« in Gegenwart von Vatikanangestellten … verlesen wurde.

»Die Jünger waren Zeugen der Heilung des Lahmen und jetzt sehen sie Jesus«, sagte der Papst, »sie sind ein bisschen außer sich, aber nicht etwa, weil sie geisteskrank gewesen wären: sie sind außer sich vor lauter Staunen.« Aber was ist das für ein Staunen? Der Papst sagte: »Es ist etwas, das dafür sorgt, dass wir ein wenig außer uns sind vor lauter Freude: eine große, eine übergroße Freude. Das ist kein bloßer Enthusiasmus: Auch die Fußballfans im Stadion sind begeistert, wenn ihre Mannschaft gewinnt, nicht wahr? Nein, es ist kein Enthusiasmus, es ist etwas sehr viel Tieferes: Es ist das Staunen, das uns überkommt, wenn wir Jesus begegnen.«

»Dieses Staunen«, so der Papst, »ist der Anfang des normalen Zustands eines Christen«. Gewiss, so hob er hervor, wir können keineswegs immer im Zustand des Staunens leben, aber dieser ist der Ausgangspunkt, der »Spuren in der Seele hinterlässt, und geistlichen Trost spendet«. Ja, der Seinszustand des Christen sollte der des geistlichen Trostes sein, trotz aller Probleme, Schmerzen und Krankheiten.

»Die letzte Stufe der Tröstung«, so der Papst, »ist der Frieden: man fängt mit dem Staunen an, und die zweite Stimme dieses Staunens, dieses Trostes ist der Friede.« Selbst in den allerschmerzlichsten Prüfungen verliert der Christ nie »den Frieden und die Gegenwart Jesu«, und mit »ein wenig Mut können wir zum Herrn sagen: ›Herr, gewähre mir diese Gnade, die ein Merkmal der Begegnung mit Dir ist: den geistlichen Trost‹«. Vor allem aber, so betonte er, dürfen wir »nie den Frieden verlieren«. Wir schauen zum Herrn auf, der »am Kreuz so sehr gelitten hat, aber er hat doch den Frieden nicht verloren. Dieser Friede ist der unsere: Er kann weder verkauft noch erkauft werden.«

Er ist ein Geschenk Gottes, um das wir bitten müssen. Der Friede ist so etwas wie »die letzte Stufe dieses geistlichen Trostes, der mit dem freudigen Staunen beginnt«. Deshalb dürfen wir uns nicht »durch unsere oder anderer Leute Phantasien täuschen lassen, die uns dazu bringen, zu glauben, dass diese Phantasien Wirklichkeit wären«. Tatsächlich ist es christlicher, »zu glauben, dass die Wirklichkeit so schön gar nicht sein könne«. Der Papst schloss mit der Bitte um die Gnade des geistlichen Trostes und des Friedens, der »mit diesem freudigen Staunen in der Begegnung mit Jesus Christus beginnt« …

*Donnerstag, 4. April 2013*

… Gott kann nicht Gegenstand von Verhandlungen sein. Und der Glaube sieht keine Möglichkeit, »lau« zu sein, »weder gut noch schlecht«, indem man in einer Art von »Doppelleben« versucht, einen Kompromiss zu schließen, um mit der Welt »zusammenzuleben«. Das sagte Papst Franziskus in seiner Predigt bei der Frühmesse, die er am Donnerstag, 11. April, im »Domus Sanctae Marthae« feierte und an der Direktion und Redaktionen des »Osservatore Romano« teilnahmen. …

Der Papst erläuterte in seiner Predigt, dass in den Lesungen »dreimal das Wort ›gehorchen‹ vorkommt: es ist vom Gehorsam die Rede«. Das erste Mal, als Petrus vor dem Hohen Rat antwortet, »man muss Gott mehr gehorchen als den Menschen«, wie die *Apostelgeschichte* berichtet (5,27–33). Was heißt das, fragte sich der Papst, »Gott gehorchen? Bedeutet das, dass wir wie Sklaven sein müssen, alle gefesselt? Nein, weil gerade der, der Gott gehorcht, frei ist, kein Sklave ist! Und wie macht man das? Ich gehorche, tue nicht, was ich will, und bin frei? Das scheint ein Widerspruch zu sein. Und es ist doch kein Widerspruch.« Tatsächlich »kommt das Wort *obbedire* (gehorchen) aus dem Lateinischen, und es bedeutet: zuhören, den anderen hören. Gott gehorchen heißt: Gott anhören, ein offenes Herz haben, um den Weg zu gehen, den Gott uns zeigt. Gott gehorchen heißt: Gott anhören. Und das macht uns frei.«

Gerade in seiner Auslegung dieser Stelle aus der *Apostelgeschichte* erinnerte der Papst daran, dass Petrus »vor diesen Schriftgelehrten, Priestern, auch dem Hohepriester, den Pharisäern« dazu aufgefordert wurde, »eine Entscheidung zu treffen«. Petrus »hörte das, was die Pharisäer und Priester sagten, und er hörte auch das, was Jesus in seinem Herzen sagte: ›Was soll ich tun?‹ Er sagte: ›Ich tue, was mir Jesus sagt, nicht das, was ihr wollt, dass ich tue.‹ Und so handelte er immer.« Papst Franziskus sagte: »In unserem Leben hören wir auch Vorschläge, die nicht von Jesus kommen, die nicht von Gott kommen. Es versteht sich, unsere Schwäche führt uns manchmal auch auf diese Straße. Oder auch auf jene andere, die noch gefährlicher ist: Wir schließen einen Kompromiss, ein bisschen von Gott, ein bisschen von euch. Wir schließen einen Kompromiss und gehen so im Leben voran mit einem Doppelleben: Ein bisschen von dem Leben, über das wir Jesus haben zu uns sprechen hören, und ein bisschen von jenem Leben, von dem uns die Welt erzählt hat, die Mächte der Welt oder andere mehr.« Aber das ist ein System, das »nicht funktioniert«. Tatsächlich »sagt der Herr im Buch der *Offenbarung:* So geht das nicht, denn so seid ihr weder gut noch schlecht: ihr seid lau. Ich verurteile euch.« Der Papst warnte gerade vor dieser Versuchung.

»Wenn Petrus zu diesen Priestern gesagt hätte: ›reden wir wie Freunde miteinander und einigen wir uns auf einen *status vivendi*‹, dann wäre es vielleicht gut gegangen.« Aber es wäre keine Entscheidung gewesen, die wirklich »der Liebe entsprochen hätte, die kommt, wenn wir Jesus hören«. Eine Entscheidung, die Konsequenzen nach sich zieht. »Was geschieht«, fuhr der Papst fort, »wenn wir Jesus hören? Manchmal werden diejenigen, die den Gegenvorschlag gemacht haben, wütend, und unser Weg endet in der Verfolgung. In diesem Augenblick haben wir, wie ich gesagt habe, zahlreiche Schwestern und Brüder, die, um dem zu gehorchen, das zu hören, anzuhören, was Jesus von ihnen verlangt, Verfolgung leiden. Lasst uns immer an diese Brüder und Schwestern denken, die ihr Leben geben und uns durch ihr Leben sagen: ›Ich will gehorchen, will den Weg gehen, den Jesus mir zeigt.‹«

In der heutigen Liturgie »lädt uns die Kirche ein«, »den Weg Jesu zu gehen« und »jene Angebote zu überhören, die uns die Welt macht, jene Angebote der Sünde oder diejenigen, die halb so und halb so sind«. Es handelt sich hierbei, so wiederholte der Papst, um eine Lebensweise, die »einfach nicht geht« und »uns nicht glücklich machen wird«.

Der Christ ist nicht allein, wenn er sich ohne Kompromisse für den Gehorsam Gott gegenüber und nicht gegenüber der Welt entscheidet. Der Papst fragte sich: »Woher bekommen wir die Hilfe, um jenen Weg einzuschlagen, auf dem wir Jesus hören? Vom Heiligen Geist. Zeugen dieser Ereignisse sind wir und der Heilige Geist, den Gott jenen gegeben hat, die ihm gehorchen.« Folglich, so sagte er, »ist es gerade der Heilige Geist in uns, der uns die Kraft verleiht, diesen Weg einzuschlagen«. Das *Johannesevangelium* (3,31–36), das in dieser Messfeier verlesen wurde, versichert uns in schönen Worten: »›Denn der, den Gott gesandt hat, verkündet die Worte Gottes; denn er gibt den Geist unbegrenzt.‹ Unser Vater gibt uns den Geist, unbegrenzt, um Jesus anzuhören, um Jesus zu hören und Jesu Weg einzuschlagen.«

Papst Franziskus beendete seine Predigt mit der Einladung, in den verschiedenen Lebenslagen mutig zu sein: »Wir bitten um die Gnade des Mutes. Wir werden immer schuldig sein: Wir alle sind Sünder.« Aber man braucht »den Mut, zu sagen: ›Herr, ich bin ein Sünder, manchmal gehorche ich den Dingen der Welt, aber ich möchte Dir gehorchen, ich will Deinen Weg gehen.‹ Bitten wir um diese Gnade, immer dem Weg Jesu zu folgen. Und wenn wir das nicht tun, um Verzeihung bitten: Der Herr vergibt uns, denn er ist gütig.«

*Donnerstag, 11. April 2013*

Um die Probleme des Lebens zu lösen, muss man der Realität ins Auge sehen und so wie ein Torwart bereit sein, den Ball aufzufangen, von welcher Seite auch immer er kommen mag. Und das ohne der Angst oder der Versuchung zum Klagen nachzugeben, denn Jesus ist immer an der Seite jedes Menschen, auch und vor allem in den schwierigsten Momenten. Das sagte Papst Franziskus in der heiligen Messe, die er am Morgen des 13. April in der Kapelle der »Domus Sanctae Marthae« gefeiert hat. …

Im Abschnitt aus der *Apostelgeschichte* (6,1–7), der als erste Lesung vorgetragen wurde, »ist ein Teil der Geschichte aus den ersten Tagen der Kirche enthalten«, erklärte der Papst. »Die Kirche wuchs, die Zahl der Jünger stieg«, aber »in jenem Augenblick beginnen die Probleme«: denn »die griechischsprachigen Gläubigen murrten gegen die hebräischsprachigen«, weil ihre Witwen bei der täglichen Versorgung übersehen wurden.

»Das Leben ist nicht immer ruhig und schön«, so der Papst, »und das Erste, was sie tun, ist zu murren, zu reden, einer gegen den anderen: ›Aber, sieh mal, der da …‹ Aber das führt zu keiner Lösung, so gibt es keine Lösung. »Die Apostel dagegen haben mit dem Beistand des Heiligen Geistes gut reagiert. Sie haben die Gruppe der Apostel zusammengerufen und haben darüber geredet. Das ist der erste Schritt: Wenn es Schwierigkeiten gibt, muss man sie sich genau ansehen, sie annehmen und darüber sprechen. Man darf sie niemals verstecken. So ist das Leben. Man muss das Leben so nehmen, wie es kommt, nicht so, wie wir wollen, dass es kommt.« Ein Bild aufgreifend, das er gern verwendet, sagte der Heilige Vater weiter: »Es ist ein wenig so wie der Torhüter, nicht wahr? Er fängt den Ball aus der Richtung auf, aus der er kommt. Das ist die Wirklichkeit.« Die Apostel haben also »miteinander geredet und haben einen schönen Vorschlag gemacht, einen revolutionären Vorschlag, denn sie haben gesagt: ›Aber wir sind die Apostel, die Jesus erwählt hat.‹ Aber das reicht nicht aus. Sie sind sich bewusst geworden, dass ihre erste Pflicht das Gebet und der Dienst am Wort war. ›Und für die tägliche Versorgung der Witwen müssen wir etwas anderes machen.‹« Und so haben sie »beschlossen, Diakone einzusetzen«. »Eine Entscheidung«, so fügte der Papst hinzu, »die in jenem Moment etwas riskant war. Aber der Heilige Geist hat sie angeregt, dies zu tun. Und sie haben dies getan. Sie haben Diakone gewählt, mit Entschlossenheit. Sie haben nicht gesagt: ›Ja, aber, das werden wir morgen sehen, Geduld.‹ Nein, nein. Sie haben die Entscheidung getroffen und das Ende ist wirklich sehr schön: ›Und das Wort Gottes breitete sich aus, und die Zahl der Jünger in Jerusalem wurde immer größer.‹ Das ist schön. Wenn es Probleme gibt, dann muss man sie angehen, und der Herr wird uns helfen, sie zu lösen.« So »dürfen wir keine Angst vor den Problemen haben. Jesus selbst sagt zu seinen Jüngern: Ich bin es, habt keine Angst, ich bin es! Immer. In den Schwierigkeiten des Lebens, den Problemen, den neuen Dingen, die wir in Angriff nehmen müssen: Der Herr ist da. Wir können uns irren, Fehler machen, sicherlich, aber er ist uns immer nahe und sagt: Du hast einen Fehler gemacht, jetzt nimm den richtigen Weg wieder auf.«

Ein Problem, so der Papst, werde nicht gelöst, wenn man sich darauf beschränke zu sagen: »Das gefällt mir nicht«, und wenn man zu murren und zu reden beginnt. Und es »ist keine gute Haltung, das Leben zu schminken, ihm Make-up aufzulegen. Nein, nein. Das Leben ist, wie es ist. Es ist die Wirklichkeit. Es ist so, wie es nach Gottes Willen sein soll oder wie er es zulässt. Aber es ist, wie es ist, und wir müssen es so nehmen, wie es ist. Der Geist des Herrn wird uns die Lösung der Probleme geben.«

»Auch im Evangelium«, so kommentierte der Papst den Abschnitt aus dem *Johannesevangelium* (6,16–21), »passiert etwas Ähnliches. Die Jünger waren sehr zufrieden, weil sie gesehen hatten, dass die fünf Brote nicht zu Ende gingen. Sie haben so vielen Menschen zu Essen gegeben. Sie nähern sich mit dem Boot dem anderen Ufer und es kommt ein starker Wind auf: Die See wird aufgewühlt, und sie haben etwas Angst. Der Herr kommt zu ihnen, um ihnen zu helfen. Sie erschrecken ein wenig, und er sagt zu ihnen: ›Ich bin es; fürchtet euch nicht!‹ Das ist das Wort Jesu, immer: in den Schwierigkeiten, in düsteren Momenten, wenn alles dunkel ist und wir nicht wissen, was wir tun sollen, auch wenn es in unserer Seele dunkel ist. So ist das Leben. Heute kommt es so, mit diesem Dunkel. Aber der Herr ist da.

Wir brauchen keine Angst zu haben! Haben wir keine Angst vor den Schwierigkeiten, haben wir keine Angst, wenn unser Herz traurig und dunkel ist! Nehmen wir die Dinge, wie sie kommen, mit dem Geist des Herrn und der Hilfe des Heiligen Geistes. Und so gehen wir voran, sicher auf einem richtigen Weg.« Papst Franziskus schloss die Predigt mit der Einladung, den Herrn »um diese Gnade zu bitten: keine Angst zu haben, das Leben nicht schön zu färben«, um fähig zu sein, »das Leben zu nehmen, wie es kommt, und zu versuchen, die Probleme so zu lösen, wie es die Apostel getan haben, und die Begegnung mit Jesus zu suchen, der immer an unserer Seite ist, auch in den dunkelsten Augenblicken des Lebens.«

*Samstag, 13. April 2013*

An der Messe in der Kapelle der »Domus Sanctae Marthae« mit Papst Franziskus am 15. April nahmen Angestellte und Verantwortliche des Telefondienstes und des Internetbüros des Governatorats der Vatikanstadt teil. ...

In seiner Predigt hob Papst Franziskus hervor, dass die Verleumdung das Werk Gottes zerstöre, weil sie dem Hass entspringe. Sie sei Tochter des »Vaters der Lüge« und wolle den Menschen vernichten, indem sie ihn von Gott entfernt.

Verleumdung sei so alt wie die Welt und Hinweise auf sie fänden sich bereits im Alten Testament. Als Beispiel nannte der Papst Königin Isebel und den Weinberg von Naboth sowie Susanna und die Alten. Wenn man »auf gerechtem Weg, einem heiligen Weg« etwas nicht erreichen könne, dann benütze man Verleumdung und üble Nachrede, die zerstörerisch wirkten. »Das gibt uns zu denken«, kommentierte der Papst.

»Wir alle sind Sünder: alle. Wir haben gesündigt. Aber Verleumdung ist etwas anderes.« Es ist eine Sünde, aber es ist noch mehr, weil sie »das Werk Gottes zerstören will und aus etwas sehr Bösem entsteht: Sie entspringt dem Hass. Und wer Hass bewirkt, das ist Satan.« Lüge und Verleumdung gingen miteinander einher, denn sie brauchten einander, um voranzugehen. Und zweifellos, fügte der Papst hinzu, »ist dort, wo Verleumdung ist, auch der Teufel«.

Papst Franziskus bezog sich dann auf *Psalm* 119 der Liturgie des Tages, um die Seelenverfassung des verleumdeten Gerechten zu erklären: »Wenn auch Fürsten gegen mich beraten, dein Knecht sinnt nach über deine Gesetze. Deine Vorschriften machen mich froh.« Der Gerechte sei in diesem Fall Stephanus, der Erzmärtyrer, auf den die erste Lesung aus der *Apostelgeschichte* hinwies. Stephanus »blickt auf den Herrn und gehorcht dem Gesetz«. Er sei der Erste einer langen Reihe von Zeugen Christi in der Kirchengeschichte – nicht nur in der Vergangenheit, auch in unseren Tagen gebe es viele Märtyrer. Der Heilige Vater fügte hinzu: »Hier in Rom haben wir viele Märtyrerzeugnisse, angefangen bei Petrus. Aber die Zeit der Märtyrer ist nicht vorbei: Auch heute können wir in Wahrheit sagen, dass die Kirche mehr Märtyrer hat als in der Zeit der ersten Jahrhunderte.«

Denn in der Kirche »gibt es zahlreiche Männer und Frauen, die verleumdet werden, die verfolgt werden, die aus Hass gegen Jesus getötet werden, aus Glaubenshass«. Einige werden getötet, weil sie »den Katechismus lehren«, andere weil sie »ein Kreuz tragen«. Die üble Nachrede findet Raum in vielen Ländern, wo Christen verfolgt werden. Der Papst unterstrich, dass sie unsere Brüder und

Schwestern seien, die heute, in dieser Zeit der Märtyrer, zu leiden hätten. Daran sollten wir denken.

Abschließend lud der Papst ein, in unserer von »zahlreichen spirituellen Turbulenzen« gekennzeichneten Zeit den Blick auf eine mittelalterliche Ikone zu richten: die Schutzmantelmadonna, die unter ihrem Mantel das Volk Gottes birgt, dort sei »der sicherste Ort«, und auf sie könnten wir vertrauen. Ebenso lud er dazu ein, das alte Gebet »Sub tuum presidium« – »Unter deinen Schutz und Schirm ...« zu beten.

*Montag, 15. April 2013*


## Grossherzig sein in Demut

Großherzigkeit in Demut. Das ist der Lebensstil des Christen, der wirklich Zeuge des Evangeliums bis an die Enden der Erde sein will. Papst Franziskus beschrieb in der mittlerweile zur Gewohnheit gewordenen Frühmesse vom 25. April in der »Domus Sanctae Marthae« einige Merkmale dieser Weise, »Missionare in der Kirche« zu sein. ...

Wie immer kommentierte der Papst die Lesungen des Tages, die am Fest des Evangelisten Markus dem *Ersten Petrusbrief* (5,5–14) und dem *Markusevangelium* (16,15–20) entnommen waren.

»Jesus sendet vor seiner Himmelfahrt die Apostel aus, um zu evangelisieren, das Reich Gottes zu verkünden. Er sendet sie bis an das Ende der Erde. ›Geht hinaus in die ganze Welt‹«, begann Franziskus, um anschließend die Universalität der Sendung der Kirche zu unterstreichen. Denn Jesus sage zu den Aposteln nicht, sie sollten nach Jerusalem oder Galiläa gehen, sondern er sende sie in die ganze Welt und eröffne so einen weiten Horizont. Von daher sei die wahre Dimension des missionarischen Wesens der Kirche zu verstehen, die weiter das Evangelium »der ganzen Welt« verkünde. »Aber sie ist nicht allein auf dem Weg, sondern sie geht mit Jesus«, sagte der Papst.

Die Apostel seien also ausgezogen und hätten überall gepredigt. Aber »der Herr handelte gemeinsam mit ihnen. Der Herr wirkt an der Seite all derer, die das Evangelium verkünden. Das ist die Großherzigkeit, die die Christen haben müssen. Einen kleinmütigen Christen versteht man nicht. Diese Großherzigkeit gehört zur christlichen Berufung: immer mehr, immer mehr, immer mehr; immer voran.«

Dennoch, so warnte der Papst, könne auch etwas geschehen, »was nicht sehr christlich ist«. »Wie sollen wir dann weitermachen? Welcher Stil der Verkündigung des Evangeliums, der Mission, entspricht dem Willen Jesu?«, fragte sich der Papst. Und er wies auf die Antwort im *Petrusbrief* hin, wo »dieser Stil etwas erklärt wird: ›Brüder! Begegnet einander in Demut! Denn Gott tritt den Stolzen entgegen, den Demütigen aber schenkt er seine Gnade‹. Der Stil der Verkündigung des Evangeliums geht in die Richtung dieser Haltung, die Demut, Dienst, Nächstenliebe, brüderliche Liebe ist.« Der Papst wies dann auf den möglichen Einwand eines Christen gegenüber dem Herrn hin, der diesen Stil vorschlägt: »›Aber Herr, wir müssen die Welt erobern!‹« Und er zeigte auf, was an dieser Haltung falsch ist: »Dieses Wort ›erobern‹ ist nicht in Ordnung. Wir müssen in der Welt verkündigen.

Der Christ darf nicht wie die Soldaten sein, die, nachdem sie in einer Schlacht gesiegt haben, Tabula rasa machen mit allem.« Hierzu bezog sich Papst Franziskus auf einen mittelalterlichen Text, in dem erzählt wird, dass die Christen, nachdem sie eine Schlacht gewonnen und eine Stadt erobert hatten, alle Heiden sich in einer Reihe zwischen dem Baptisterium und dem Schwert aufstellen ließen. So zwangen sie diese zu wählen: entweder das Wasser, das heißt die Taufe, oder die Waffe, das heißt den Tod. Und er erläuterte: »Das ist nicht der Stil des Christen. Sein Stil ist der Stil des demütigen Jesus.« Der Christ, so betonte er, »predigt, verkündet das Evangelium mit seinem Zeugnis mehr als mit Worten. Vor einigen Tagen sagte mir ein kluger Bischof aus Italien: ›Zuweilen bringen wir etwas durcheinander und meinen, dass unsere Verkündigung des Evangeliums ein *salus idearum* und nicht ein *salus animarum* sein soll, das Heil der Ideen und nicht das Heil der Seelen.‹ Aber wie erreicht man das Heil der Seelen? Mit der Demut, mit der Liebe. Beim heiligen Thomas steht ein wunderschöner Satz dazu: ›Es ist so wie auf einen unendlichen Horizont zuzugehen, weil er immer ein Horizont bleibt.‹ Wie soll man also in dieser christlichen Haltung vorgehen? Er sagt, dass man keine Angst haben soll vor großen Dingen.

Weitergehen und dabei auch die kleinen Dinge berücksichtigen. Das ist göttlich. Es ist wie eine Spannung zwischen dem Großen und dem Kleinen: beides zusammen, das ist christlich. Christliche Mission, die kirchliche Verkündigung des Evangeliums geht diesen Weg.« Die Bestätigung dafür sei im *Markusevangelium* zu finden. Der Papst bemerkte dazu: »Anders kann man nicht vorangehen. Und im Evangelium gibt es am Schluss einen sehr schönen Satz, wo es heißt, dass Jesus ihnen beistand und ›die Verkündigung bekräftigte durch die Zeichen, die er geschehen ließ‹. Wenn wir mit diesem Großmut und auch mit dieser Demut vorangehen und vor großen Dingen, vor diesem Horizont nicht zurückschrecken, aber auch die kleinen Dinge annehmen, wie die Demut und die tägliche Nächstenliebe, dann bekräftigt der Herr das Wort Gottes und wir gehen voran. Der Triumph der Kirche ist die Auferstehung Jesu. Davor gibt es das Kreuz.«

Der Papst schloss mit den Worten: »Bitten wir heute den Herrn, Missionare in der Kirche zu werden, Apostel in der Kirche, doch mit diesem Geist: mit außergewöhnlicher Großherzigkeit und auch mit großer Demut.«

*Donnerstag, 25. April 2013*

## FÜR EINE GEMEINSCHAFT, DIE OFFEN IST FÜR DIE WERTE DES GEISTES

Für eine Gemeinschaft, die offen ist für die Werte des Geistes. Die einen nehmen das Leid auf sich und halten dabei die Freude lebendig, die aus dem Heiligen Geist kommt, wie es zum Beispiel die auch heute noch in vielen Teilen der Welt verfolgten Christen tun. Andere dagegen »benutzen Geld, um sich Vorteile zu erkaufen« und zu verhandeln, oder sie bedienen sich »der Verleumdung, um andere herabzusetzen und Hilfe bei den Mächtigen der Erde zu suchen«. Dabei verhöhnen sie zuweilen auch diejenigen, die sich bemühen, sogar ihr Leid in der christlichen Freude zu leben.

Über diesen Gegensatz dachte Papst Franziskus am Samstagmorgen, 27. April, in der Predigt der heiligen Messe nach, die er wie gewohnt in der »Domus Sanctae Marthae« feierte. ... Der Papst konzentrierte sich in seiner Predigt insbesondere auf den Text aus der *Apostelgeschichte* (13,44–52), der von den Auseinandersetzungen zwischen zwei religiösen Gemeinschaften berichtet: den Jüngern und den »verschlossenen Juden«, wie der Papst sie nannte, »denn nicht alle Juden waren so«. In der Gemeinschaft der Jünger, so erklärte er, sei das Gebot Jesu umgesetzt worden – »Geht und verkündet« – und deshalb habe man gepredigt, und fast die gesamte Stadt habe sich versammelt, um das Wort des Herrn zu hören. Und unter den Menschen habe sich eine Atmosphäre der Freude verbreitet, »es schien, als könnte sie nie besiegt werden«. Als die Juden so viel Freude sahen, »wurden sie eifersüchtig und begannen jene Menschen zu verfolgen«, die »nicht schlecht waren, es waren gute Menschen, die eine religiöse Haltung hatten«.

»Warum haben sie das getan?«, fragte Papst Franziskus. Sie hätten das getan, »weil ihr Herz verschlossen war, sie waren nicht offen für die Neuheit des Heiligen Geistes. Sie glaubten, dass alles schon gesagt worden wäre, dass alles so sei, wie sie dachten, dass es sein müsse, und deshalb fühlten sie sich als Verteidiger des Glaubens. Sie begannen den Aposteln zu widersprechen, sie zu verleumden.« Das sei eine Haltung, der man im Lauf der Geschichte begegne. Es sei ein Merkmal von »in sich selbst verschlossenen Gruppen« mit »der Macht zu verhandeln« und »die Fragen ›unter uns‹ zu lösen. So wie es diejenigen getan haben, die am Morgen der Auferstehung – als die Soldaten zu ihnen kamen und gesagt haben: ›Wir haben das und das gesehen‹ – diesen gedroht haben: ›Seid still! Nehmt ...‹, und mit dem Geld haben sie alles vertuscht. Das ist genau jene Haltung einer verschlossenen Religiosität, die nicht die Freiheit hat, sich dem Herrn zu öffnen«. In ihrem öffentlichen Leben wählen sie, »um immer die Wahrheit zu wählen, weil sie glauben, die Wahrheit zu verteidigen«, »die Verleumdung, den Klatsch. Sie sind wirklich klatschsüchtige Gemeinschaften, die schlecht über den Nächsten reden, ihn zerstören« und nur an sich selbst denken, als wären sie durch eine Mauer geschützt. Der Papst wies darauf hin: »Eine freie Gemeinschaft hingegen, die die Freiheit Gottes und des Heiligen Geistes hat, machte weiter. Auch unter Verfolgungen.

Und das Wort des Herrn breitete sich in der ganzen Gegend aus. Es ist eine Eigenschaft der Gemeinschaft des Herrn, weiterzumachen, sich zu verbreiten, denn so ist das Wesen des Guten: Es breitet sich immer aus! Das Gute beugt sich nicht. Das ist ein Kriterium, ein Kriterium der Kirche. Auch für unsere Gewissensprüfung: Wie sind unsere Gemeinschaften, die religiösen Gemeinschaften, die Gemeinschaften der Pfarrgemeinden? Sind es Gemeinschaften, die offen sind für den Heiligen Geist, der uns immer voran trägt, um das Wort Gottes zu verbreiten, oder sind es geschlossene Gemeinschaften?«

Die Verfolgung, fügte der Papst hinzu, beginnt aus religiösen Gründen, aus Eifersucht, aber auch deswegen, wie man redet: »Die Gemeinschaft der Gläubigen, die freie Gemeinschaft des Heiligen Geistes, spricht voller Freude. Die Jünger waren voll der Freude des Heiligen Geistes. Sie sprechen mit der Schönheit, öffnen neue Wege: immer voran, nicht wahr? Eine geschlossene Gemeinschaft hingegen, die von sich selbst überzeugt ist, diese Gesellschaft sucht Sicherheit gerade in Absprachen mit den Machthabern, im Geld, spricht in beleidigenden Worten: sie beleidigen, verurteilen.«

Und um auf die Lieblosigkeit in den sogenannten geschlossenen Gemeinschaften aufmerksam zu machen, äußerte Papst Franziskus den Zweifel, dass diese Leute »vielleicht die Zärtlichkeiten ihrer Mütter vergessen haben, als sie klein waren. Diese Gemeinschaften kennen keine Zärtlichkeiten: Sie kennen die Pflicht, das Handeln, schließen sich ein in eine äußerliche Observanz. Jesus hatte zu ihnen gesagt: Ihr seid wie ein Grab, wie ein Grabmal: weiß und wunderschön, aber nichts weiter.« Wir denken heute an die so schöne Kirche. Diese Kirche, die vorangeht. Wir denken an die unzähligen Brüder, die in diesem Augenblick in vielen Teilen der Welt für diese Freiheit des Geistes leiden und Verfolgung erleben. Aber auch im Leiden sind diese Brüder voller Freude und voll des Heiligen Geistes. Diese Brüder, diese offenen missionarischen Gemeinschaften, beten zu Jesus, weil sie wissen, dass es wahr ist, was er gesagt hat und was wir eben gehört haben: »Was ihr auch immer in meinem Namen erbittet, werde ich gewähren.« Das Gebet ist Jesus. Die geschlossenen Gemeinschaften betteln die Mächtigen der Erde um ihre Hilfe an. Und das ist kein guter Weg. Schauen wir auf Jesus, der uns aussendet, um das Evangelium zu verbreiten und seinen Namen freudig, voller Freude zu verkündigen.

Wir haben keine Angst vor der Freude des Geistes. Und wir werden uns niemals, nie in diese Dinge einmischen, die uns langfristig dazu bringen, uns in uns selbst zu verschließen. In solch einer Abschottung gibt es weder Fruchtbarkeit noch Freiheit des Geistes.

*Samstag, 27. April 2013*

### Das Gebet für die Kirche schenkt uns Frieden

Den Frieden, den wahren Frieden, kann man nicht kaufen. Er ist ein Geschenk Gottes. Ein Geschenk, das er seiner Kirche macht. Um es zu empfangen, müssen die Christen die Kirche weiterhin Gott anvertrauen und ihn bitten, für sie zu sorgen und sie gegen die Nachstellungen des Bösen zu verteidigen, der den Menschen einen anderen Frieden anbietet, einen weltlichen Frieden, nicht den wahren

Frieden. Diese Gedanken trug Papst Franziskus in der Frühmesse in der »Domus Sanctae Marthae« am 30. April vor, an der unter anderen eine Gruppe von Mitarbeitern der Vermögensverwaltung des Heiligen Stuhls (APSA) teilnahm.

Im Mittelpunkt der Predigt des Papstes stand das Wort »empfehlen«, das in der ersten Lesung aus der *Apostelgeschichte* (14,19–28) zweimal auftaucht: das erste Mal, als die Apostel in Perge die Ältesten dem Herrn anvertrauen; das zweite Mal, als sie nach Antiochia zurückkehren, dorthin, wo man sie »der Gnade Gottes empfohlen hatte«. Älteste und Apostel also, die dem Herrn empfohlen werden: »Dies ist das Anvertrauen der Kirche an den Herrn«, sagte der Papst. »Man kann die Kirche behüten, man kann sie pflegen, nicht wahr? Das müssen wir mit unserer Arbeit tun. Aber das Wichtigste ist das, was der Herr tut: Er ist der Einzige, der dem Satan ins Gesicht blicken und ihn besiegen kann. ›Es kommt der Herrscher der Welt, über mich hat er keine Macht‹ (*Joh* 14,30). Wenn wir wollen, dass die Kirche nicht dem Herrscher der Welt in die Hände fällt, dann müssen wir sie dem Einzigen empfehlen und anvertrauen, der den Herrscher dieser Welt besiegen kann.«

»Wir aber«, fragte der Papst, »beten wir für die Kirche? Für die ganze Kirche? Für unsere Brüder, die wir nicht kennen, überall in der Welt?« Es gehe um die Kirche des Herrn in der ganzen Welt; und wenn wir »in unserem Gebet zum Herrn sagen: ›Herr, blicke auf deine Kirche‹, dann meinen wir diese Kirche«, die Kirche des Herrn, die Kirche, die »unsere Brüder« vereint. Das sei das Gebet, das »wir von Herzen sprechen müssen«, wiederholte der Papst, »und das immer mehr. Für uns ist es leicht im Gebet, eine Gnade vom Herrn zu erbitten, wenn wir etwas brauchen; und es ist nicht schwierig, dem Herrn im Gebet Dank zu sagen: Danke für … Aber für die Kirche zu beten, für die, die wir nicht kennen, die aber unsere Brüder und Schwestern sind, weil sie dieselbe Taufe empfangen haben, und zum Herrn zu sagen: ›Sie gehören dir, sie gehören zu uns … behüte sie‹«, das sei etwas anderes. Es bedeute, »die Kirche dem Herrn zu empfehlen«. Das sei ein »Gebet, das die Kirche wachsen lässt«, aber es sei auch »ein Akt des Glaubens. Wir können nichts bewirken, wie sind alle arme Diener der Kirche: Aber er ist es, der sie vorwärtsbringen, behüten und wachsen lassen kann, sie heiligmachen und verteidigen kann, verteidigen gegen den ›Herrscher der Welt‹«, das heißt gegen den, der will, dass »die Kirche immer weltlicher wird«. Das sei die größte Gefahr, denn »wenn die Kirche weltlich wird, wenn sie in sich den Geist der Welt trägt«, wenn sie jenen Frieden erreiche, der nicht der Friede des Herrn sei – »der Friede, den Jesus verheißen hat mit den Worten ›Frieden hinter-

lasse ich euch, meinen Frieden gebe ich euch‹ (*Joh*
14,27)« –, dann werde sie eine »schwache Kirche,
eine Kirche die besiegt werden wird und die unfähig
ist, das Evangelium zu bringen, die Botschaft des
Kreuzes, das Ärgernis des Kreuzes.

Sie kann nicht vorwärts gehen, wenn sie weltlich
ist! Deshalb ist dieses Gebet so wichtig und so stark:
dem Herrn die Kirche anvertrauen.« Wir haben nicht
die Gewohnheit, so der Papst, »die Kirche dem
Herrn anzuvertrauen«. Daher lud er ein, zu lernen,
dem Herrn die alten Menschen, die Kranken, die
Kinder, die Jugendlichen anzuvertrauen, indem man
wiederhole: »›Behüte, Herr, deine Kirche‹: Sie gehört
dir! Mit dieser Haltung wird er uns inmitten von
Schwierigkeiten und Bedrängnissen jenen Frieden
schenken, den nur er geben kann. Jenen Frieden, den
die Welt nicht geben kann und den man nicht kaufen
kann. Jenen Frieden, der ein echtes Geschenk der
Gegenwart des Herrn in seiner Kirche ist«, auch im
Leid, in den großen Schwierigkeiten wie »der Verfolgung« und auch in den »kleinen Schwierigkeiten, den
Leiden der Krankheit oder familiärer Probleme«.

All dies, sagte der Papst abschließend, müssen
wir dem Herrn im Gebet anvertrauen: »Behüte
deine Kirche in den Bedrängnissen, damit sie den
Glauben nicht verliert, damit sie die Hoffnung
nicht verliert!« Und er fügte hinzu: »Heute möchte
ich sagen: Dieses Gebet für die Kirche zu beten,

wird uns guttun, und es wird der Kirche guttun; es
wird uns tiefen Frieden schenken und es wird der
Kirche tiefen Frieden schenken; es wird uns nicht
von den Bedrängnissen befreien, aber es wird uns in
den Bedrängnissen stark machen. So bitten wir um
die Gnade, diese Gewohnheit zu haben, dem Herrn
die Kirche zu empfehlen.«

*Dienstag, 30. April 2013*

## DIE KIRCHE – GEMEINSCHAFT DES JA

Die Kirche als eine vom Heiligen Geist geschmie-
dete »Gemeinschaft des Ja«, im Gegensatz zu einer
»Kirche des Nein«, die den Heiligen Geist zur
»Doppelarbeit« zwingt: Das ist das Bild, das Papst
Franziskus allen, die am 2. Mai an der Frühmesse in
der Kapelle der »Domus Sanctae Marthae« teilnahmen, vermittelt hat. …

In seiner Predigt befasste sich der Papst mit der
nach dem Gebet der Apostel mit Maria aus dem
Abendmahl hervorgegangenen Kirche. Einer Kirche, so merkte er an, die stets vom Heiligen Geist
bewegt wurde und die sich nach und nach in alle
Welt ausgebreitet und den Heiden die Frohe Botschaft gebracht hat.

In einem Kommentar zur *Apostelgeschichte*
(15,7–21) und zum *Johannesevangelium* (15,9–11)

beschrieb der Papst das Wirken der Kirche, die »in die Peripherien des Glaubens gegangen ist, wo die Menschen der Verkündigung Jesu Christi nicht geglaubt haben, weil sie ihn nicht kannten«. Sie »ging hin, um zu predigen, nach dem Willen des Heiligen Geistes«, der im Wesentlichen »auf zweierlei Arten« wirkt: zuerst »drängt« er, sagte der Papst, wobei er »auch einige Probleme schafft«, dann aber errichtet er »die Harmonie der Kirche in deren Innerem. Es ist eine unablässige Bewegung, diejenige des Heiligen Geistes.« Die Jünger sind also hingegangen und haben in Jerusalem den Glauben verbreitet, und da, erklärte der Papst, gab es bereits erste Probleme, weil viele unterschiedliche Meinungen aufeinanderprallten. Vor allem mit denen, die die Ansicht vertraten, dass sie all das übernehmen mussten, was die Schriftgelehrten bereits festgelegt hatten. Dann gab es aber auch andere, die an die Möglichkeit glaubten, zu einer Einigung zu kommen. Und das waren Leute, deren Sinn offen war, so der Papst. Also »musste der Heilige Geist seine zweite Aufgabe erfüllen: zwischen diesen beiden entgegengesetzten Standpunkten Harmonie schaffen, die Harmonie der Kirche, zwischen ihnen und Jerusalem und zwischen ihnen und den Heiden. Das ist eine gewaltige Arbeit, die der Heilige Geist immer schon in der Geschichte geleistet hat und leistet. Und wenn wir ihn nicht arbeiten lassen, dann beginnen die Trennungen in der Kirche, die Sekten, all diese Dinge, weil wir uns der Wahrheit des Geistes gegenüber verschlossen haben.«

*Donnerstag, 2. Mai 2013*

## MUTIG SEIN IM GEBET UND JESUS HERAUSFORDERN

Ein Farbtupfer, der im Übrigen wohlbekannt ist, hat die Versammlung von Gläubigen charakterisiert, die am Freitag, 3. Mai, an der heiligen Messe teilnahmen, die Papst Franziskus in der Kapelle der »Domus Sanctae Marthae« zelebrierte.

In der Tat stachen die Farben der von Michelangelo entworfenen Uniformen ins Auge, die die ungefähr 70 Schweizer Gardisten trugen. ... Papst Franziskus ergriff am Ende der Messe die Gelegenheit, um den Schweizer Gardisten zu danken »für ihre Liebe und Nähe zur Kirche, für ihre Nähe zum Papst und ihre Liebe zum Papst. Dies ist ein schönes Zeugnis der Treue zur Kirche. Der Herr segne Euch vielmals für diesen Dienst. Die Kirche liebt euch sehr. Ich auch.« In seiner Predigt lud der Papst dazu ein, über die Erfordernis nachzudenken, mutig um die Gnade der Ausbreitung des Glaubens in der Welt zu beten. Wie stets, gebrauchte der Heilige Vater auch diesmal eine Formulierung, die dazu geeignet ist, ins Herz und in die Erinnerung seiner

Zuhörer einzuziehen und Spuren zu hinterlassen: Er sprach von einem mutigen Gebet, geradezu einer Herausforderung an Jesus, der gesagt hat: »Alles, worum ihr in meinem Namen bittet, werde ich tun, damit der Vater im Sohn verherrlicht wird.« Beten heißt also »den Mut haben, zu Jesus zu gehen und ihn so zu fragen: ›Aber du hast es versprochen, tu es! Mach, dass der Glaube weitere Schritte tut‹«.

Der Papst bezog sich hier auf die Lesungen des Tages, die aus dem *Ersten Korintherbrief* (15,1–8) und dem *Johannesevangelium* (14,6–14) stammte. »Als die Apostel beschlossen, Diakone zu weihen«, so begann er, »so geschah das, weil sich sehr viel Arbeit dabei ergab, sich der Witwen und Waisen anzunehmen«, und sie das Gefühl hatten, von ihrer Pflicht abgelenkt zu werden, »das Wort zu verkündigen und zu beten«. Eine Aufgabe, so erklärte der Papst, die integraler Bestandteil des »Bischofsamtes« ist, die aber auch »uns Christen alle angeht, die das Geschenk des Glaubens bekommen haben: Wir müssen ihn weitergeben, wir müssen ihn mit unserem Leben verkündigen, mit unserem Wort. Es ist die Weitergabe des Glaubens, die von Haus zu Haus geht, von Familie zu Familie, von Mensch zu Mensch.«

Anschließend bezog sich der Bischof von Rom auf den »schönen Text« des Briefes, in dem der hl. Paulus zu Timotheus über den Glauben spricht, »›den du von deiner Mutter und deiner Großmutter erhalten hast und den du nun anderen weitergeben sollst.‹ So haben wir in der Familie den Glauben an Jesus erhalten«. Um welchen Glauben handelt es sich? Jenen, von dem Paulus sprach, erklärt der Papst: »›Denn vor allem habe ich euch überliefert, was auch ich empfangen habe.‹ Er hatte den Glauben empfangen und gibt den Glauben weiter« an Christus, der »für unsere Sünden gestorben (ist), gemäß der Schrift, und begraben worden (ist). Er ist am dritten Tag auferweckt worden, gemäß der Schrift, und erschien ... den Zwölf«. Die Grundlage und die Kraft des Glaubens »an den auferstandenen Jesus, an Jesus, der uns durch seinen Tod unsere Sünden vergeben hat und uns mit dem Vater versöhnt hat. Das zu vermitteln, verlangt uns Mut ab: den Mut, den Glauben weiterzugeben. Einen Mut, der manchmal ganz einfach ist.«

Wie so oft, suchte Papst Franziskus dann in seinen Erinnerungen, um seine Botschaft noch besser zu verdeutlichen und um sie in der Wirklichkeit des gelebten Lebens zu verankern: »Ich erinnere mich – verzeiht mir, das ist eine persönliche Erinnerung – als ich ein Kind war, nahm uns meine Großmutter am Karfreitag immer zur Lichterprozession mit, und am Ende der Prozession kam der liegende Christus und Großmutter ließ uns hinknien und sagte zu uns Kindern: ›Schaut, er ist tot, aber morgen wird er auferstanden sein!‹ So hat der Glaube in uns Einzug gehalten: Der Glaube an den toten und auferstandenen Christus«. Der Papst erinnerte auch daran, dass viele, die versucht haben, »diese starke Gewissheit« zu untergraben und von einer »geistlichen Auferstehung« zu sprechen. Aber so ist das nicht: »Christus lebt«; er ist gestorben, aber auferstanden; er ist den Aposteln erschienen und hat Thomas mit den Fingern seine Wundmale berühren lassen; er hat mit ihnen gegessen.

»Christus«, so betonte er, »ist lebendig, und er lebt auch unter uns«; und gerade wir haben die Aufgabe, ihn zu verkündigen, den Glauben mutig zu verkündigen. Es gibt allerdings einen anderen Mut, warnte der Heilige Vater, indem er erläuterte: »Jesus – um es etwas übertrieben auszudrücken – fordert uns zum Gebet heraus und sagt das so: ›Alles, um was ihr in meinem Namen bittet, werde ich tun, damit der Vater im Sohn verherrlicht wird‹. Wenn ihr mich in meinem Namen um etwas bittet, dann tue ich es.‹ Aber das ist stark! Haben wir den Mut, zu Jesus zu gehen und ihn folgendermaßen zu bitten: ›Aber du hast es gesagt, tu es! Gib, dass der Glaube fortschreite, gib, dass die Evangelisierung Fortschritte mache, gib, dass dieses Problem, das ich da habe, gelöst wird …‹ Haben wir in unseren Gebeten diesen Mut? Oder beten wir halt so, wie wir können, indem wir ein bisschen Zeit mit Beten zubringen?«

Anschließend zitierte der Bischof von Rom das Alte Testament, vor allem die Stelle, in der vom Mut Abrahams die Rede ist, Gott anzusprechen, um ihn zu bitten, Sodom zu retten: »Aber wenn die Gerechten fünfundvierzig wären, würdest du sie retten? Und wenn sie nur vierzig wären, oder fünfunddreißig ...‹ Er feilschte mit Gott«, erinnerte der Papst. Aber um das zu tun, »muss man Mut aufbringen«. Der Mut kann auch darin bestehen, zum Herrn zu gehen, um ihn für die anderen anzuflehen, wie es Moses in der Wüste getan hat. Und wenn die Kirche diesen Mut verliert, dann tritt sie »in eine lauwarme Atmosphäre ein«. Die »lauen, mutlosen« Christen, bekräftigte der Papst, »richten in der Kirche viel Schaden an«, weil diese laue Wärme sie in sich selbst verschließen lässt. Und so entstehen die Probleme unter den Menschen, man verliert den Horizont aus den Augen. Vor allem aber sorgt diese Lauheit dafür, dass man »den Mut zum Gebet verliert«, ebenso wie »den Mut, das Evangelium zu verkündigen«.

Und doch haben wir »den Mut, uns einzumischen«, bemerkte der Papst weiter an, »in unseren kleinen Alltagsangelegenheiten, unseren Eifersüchteleien, unserem Neid, dem Karrierestreben, unserem egoistischen Tun ... in all diesen Dingen. Aber das tut der Kirche nicht gut ... Die Kirche muss mutig sein! Wir alle müssen im Gebet mutig sein

und Jesus herausfordern: ›Du hast das versprochen,
tu mir den Gefallen ...‹ Aber mit Beharrlichkeit!« ...

*Freitag, 3. Mai 2013*

### Den Heiligen Geist zum Freund

Ein »Freund«, der jeden Tag der »Weggenosse«
eines jeden von uns ist. Das ist, den Worten von
Papst Franziskus zufolge, der am 6. Mai wie
gewohnt in der Kapelle der »Domus Sanctae Marthae« die heilige Messe feierte, der Heilige Geist.
Um den Geist zu kennen, vor allem aber um sein
Handeln in unserem Leben erkennen zu können,
»ist es wichtig« – so der Rat des Papstes –, jeden
Abend vor dem Einschlafen »eine Gewissensprüfung vorzunehmen«.

Unter Bezugnahme auf das *Johannesevangelium*
(15, 26–16,4) erinnerte er an den Augenblick, als
Jesus die Jünger verabschiedete und ihnen zusicher-
te, dass »er sie nicht alleinlassen werde: ›Ich sende
euch den Heiligen Geist.‹« Mit diesem Versprechen
»fährt der Herr fort, zu erklären, wer der Heilige
Geist ist, was er in uns wirkt, der Heilige Geist.
Und heute«, so präzisierte der Papst, »sagt er etwas,
das uns zu denken gibt: ›Er wird Zeugnis über mich
ablegen.‹ Der Heilige Geist ist Gott selbst, die Person Gottes, die in uns von Jesus Christus zeugt. Er

ist der, der uns sagt: Das ist Jesus, der Herr. So handelt der Herr. Das ist die Straße Jesu. Und er nennt ihn den Parakleten, also den, der uns verteidigt, der stets an unserer Seite ist, um uns zu stützen.« Ja, er präzisiert vielmehr, dass »man das christliche Leben nicht ohne die Gegenwart des Heiligen Geistes verstehen kann: sonst wäre es nicht christlich. Es wäre ein religiöses, heidnisches, beschämendes Leben«, wie es das Leben derer ist, die »an Gott glauben ohne die Lebenskraft, die Jesus für seine Jünger will«. Im Übrigen, so fuhr er fort, legt der Geist Zeugnis für Jesus ab, »damit wir dieses Zeugnis an die anderen Menschen weitergeben können«.

In seinem Kommentar zur ersten Schriftlesung aus der *Apostelgeschichte* (16,11–15) erinnerte der Papst an das Beispiel der Lydia, der Frau, die Paulus zuhörte: »Es heißt über sie, dass der Herr ihr das Herz auftat, damit sie den Worten des Paulus zustimmen konnte. Das ist es, was der Heilige Geist tut: Er öffnet unsere Herzen, damit wir Jesus kennenlernen.« Er wirkt in uns »den ganzen Tag lang, unser ganzes Leben lang, als Zeuge, der uns sagt, wo Jesus ist«.

Und dem Papst zufolge ist der beste Augenblick, um ihn zu entdecken, am Ende des Tages, wenn man sich, einer den Christen eigenen Gewohnheit zufolge, einer Gewissensprüfung unterzieht. Bevor er zu Bett geht, »denkt (der Christ) an alles, was geschehen ist«, daran, was »der Herr getan, was der Heilige Geist in mir getan hat. Habe ich den Heiligen Geist gehört, oder habe ich weggeschaut? Diese Übung der Gewissensprüfung tut uns gut, weil es bedeutet, dass wir uns darüber bewusst werden, was der Herr, ja was der Heilige Geist an diesem Tag in unserem Herzen getan hat.« Und »das hilft dabei, die Fruchtbarkeit Osterns in jedem Augenblick gegenwärtig und erfahrbar zu machen, wie wir es heute in unserem Gebet erbeten haben. Wir bitten um die Gnade, uns an die Präsenz dieses Weggenossen zu gewöhnen: des Heiligen Geistes; jenes Zeugen Jesu, der uns sagt, wo Jesus ist, wie wir Jesus finden können, was uns Jesus sagt«.

Jesus selbst hat ihn mir als Freund dagelassen. Folglich, so wiederholte Papst Franziskus, ist es gut, die Gewohnheit beizubehalten, »uns zu fragen, bevor der Tag zu Ende geht: ›Was hat der Heilige Geist heute in mir getan? Worüber hat er mir Zeugnis abgelegt? Wie hat er zu mir gesprochen? Was hat er mir nahegelegt?‹ Er ist eine göttliche Gegenwart, die uns dabei hilft, auf unserem Lebensweg als Christen weiterzugehen.« Der Bischof von Rom richtete schließlich die Einladung an jedermann, um diese Gnade zu beten, damit »wir uns in jedem Augenblick der Fruchtbarkeit Osterns bewusst sind«. ...

*Montag, 6. Mai 2013*

Jesus hat niemanden ausgeschlossen. Er hat Brücken gebaut, keine Mauern. Seine Heilsbotschaft gilt allen. Am Mittwoch, 8. Mai, hat sich Papst Franziskus in der Messe in der Kapelle der »Domus Sanctae Marthae« mit der Haltung eines guten Verkünders des Evangeliums befasst: Er ist offen für alle, bereit, allen, ohne Ausnahme, zuzuhören. Glücklicherweise sei »jetzt eine gute Zeit im Leben der Kirche: In den letzten 50, 60 Jahren ist es eine schöne Zeit. Denn ich erinnere mich, dass ich als Kind in den katholischen Familien, auch in meiner eigenen, gehört habe: ›Nein, zu ihnen nach Hause können wir nicht gehen, weil sie nicht kirchlich verheiratet sind.‹ Das war wie ein Ausschluss. Nein, du durftest nicht dorthin gehen! Oder weil sie Sozialisten sind oder Atheisten, dahin können wir nicht gehen. Jetzt sagt man das gottlob nicht mehr.« Der Papst führte als Beispiel den Apostel Paulus an, der auf dem Areopag (*Apg* 17,15.22–18,1) Jesus Christus unter den Heiden verkündet. Wichtig sei, so Franziskus, die Art und Weise, wie er das tue: »Er sagt nicht: ›Götzendiener! Ihr werdet in die Hölle kommen ...‹«, sondern »er bemüht sich, ihr Herz zu erreichen«. Er verurteile nicht im Vorhinein, sondern suche den Dialog: »Paulus ist ein Pontifex, ein

Brückenbauer. Er will keine Mauern bauen.« Brücken zu bauen, um das Evangelium zu verkünden: »das ist die Haltung von Paulus in Athen: eine Brücke zu ihrem Herzen schlagen, um dann einen Schritt weiterzugehen und Jesus Christus zu verkünden«. Paulus ist mutig und »das lässt uns über die Haltung eines Christen nachdenken. Ein Christ muss Jesus Christus so verkünden, dass Jesus angenommen wird, empfangen, nicht abgelehnt«. Im Übrigen hänge die Verkündigung der Wahrheit vom Heiligen Geist ab, »wie Jesus im heutigen Evangelium (*Joh* 16,12–15) sagt: ›Wenn aber jener kommt, der Geist der Wahrheit, wird er euch in die ganze Wahrheit führen.‹ Paulus sagt zu den Athenern nicht: ›Das ist die Enzyklopädie der Wahrheit. Studiert das und ihr werdet die Wahrheit besitzen!‹«

Die Wahrheit passe also nicht in eine Enzyklopädie, sie sei vielmehr »die Begegnung mit der höchsten Wahrheit, mit Jesus, der großen Wahrheit. Niemand ist Herr über die Wahrheit« und, so mahnte der Papst, die Wahrheit dürfe man nicht nach eigenem Belieben gebrauchen, man dürfe sie nicht instrumentalisieren, auch nicht zur eigenen Verteidigung. »Der Apostel Petrus sagt uns: ›Ihr sollt Rechenschaft geben von der Hoffnung, die euch erfüllt.‹ Ja, aber eines ist, Rechenschaft von der eigenen Hoffnung zu geben und etwas anderes ist, es zu sagen: ›Wir haben die Wahrheit: Das ist sie! Wenn ihr sie nicht akzeptieren wollt, dann geht weg!'« Paulus dagegen sei der Haltung Jesu gefolgt, der mit allen gesprochen habe: »Er hat die Samariterin angehört – der Dialog mit der Samariterin –; er aß mit Pharisäern, Sündern, Zöllnern, Schriftgelehrten. Jesus hat alle angehört und wenn er ein Wort der Verurteilung gesagt hat, dann war das am Ende, wenn nichts mehr zu machen war.«

Paulus sei sich aber auch bewusst, dass er evangelisieren müsse und nicht Proselyten machen. Die Kirche wachse nicht mit dem Proselytismus. »Benedikt XVI. hat uns das gesagt, denn sie wächst durch Anziehung, durch das Zeugnis, durch die Verkündigung.« Paulus handele so, »weil er sicher ist, weil er von Jesus Christus überzeugt ist. Er zweifelt nicht an seinem Herrn. Christen, die Angst haben, Brücken zu bauen, und es vorziehen, Mauern zu errichten, das sind Christen, die ihres eigenen Glaubens nicht sicher sind, die nicht von Jesus Christus überzeugt sind. Und sie verteidigen sich«, indem sie Mauern bauen.

Paulus zeige, wie der Weg der Evangelisierung aussehe, dem man mutig folgen müsse. »Wenn die Kirche diesen Mut des Apostolats verliert, wird sie eine Kirche, die still steht. Geordnet, schön; alles ist ganz schön, aber ohne Fruchtbarkeit, weil sie den Mut verloren hat, in die Peripherien zu gehen, wo so viele Menschen Opfer des Götzendienstes, der

Weltlichkeit, des schwachen Denkens sind.« Und wenn die Angst, sich zu irren, ein Hindernis sei, dann müsse man daran denken, dass man wieder aufstehen und weitermachen und vorangehen könne. »Diejenigen, die nicht weitergehen, um keinen Fehler zu machen«, schloss Papst Franziskus, »machen einen noch schwereren Fehler.« …

*Mittwoch, 8. Mai 2013*


## Das isolierte Gewissen

Der Egoismus führt nirgendwohin. Die Liebe dagegen befreit. Wer sein Leben als »Geschenk an die anderen« zu leben versteht, wird daher nie das »Drama des isolierten Gewissens« erleben, das für den »Satan als schlechten Zahlmeister« leichte Beute ist, denn er ist immer bereit, diejenigen zu betrügen, die seinen Weg wählen. Das ist die Botschaft, die Papst Franziskus am 14. Mai den Teilnehmern an der heiligen Messe in der Kapelle der »Domus Sanctae Marthae« mitgegeben hat.

Im Kommentar zu den Tageslesungen aus der *Apostelgeschichte* (1,15–17; 20–26) und aus dem *Johannesevangelium* (15,9–17) wies der Papst zunächst darauf hin, dass in dieser Zeit der Erwartung des Heiligen Geistes der Begriff der Liebe wiederkehre, das neue Gebot: »Jesus sagt uns ein starkes

Wort: ›Es gibt keine größere Liebe, als wenn einer sein Leben für seine Freunde hingibt.‹ Eine größere Liebe: sein Leben hingeben. Die Liebe geht immer diesen Weg: sein Leben hingeben. Das Leben als Gabe leben, als Geschenk, das wir zu geben haben. Nicht als Schatz, den wir für uns selbst behalten wollen. Und Jesus hat sein Leben so gelebt, als Gabe. Und wenn man das Leben als Gabe lebt, tut man das, was Jesus will: ›Ich habe euch dazu bestimmt, dass ihr euch aufmacht und Frucht bringt.‹« Deshalb darf man das Leben nicht mit Egoismus verheizen.

In diesem Zusammenhang erwähnte der Papst die Gestalt des Judas, der eine Haltung gehabt habe, die im Widerspruch zu jemandem gestanden hätte, der liebt, denn »er hat nie verstanden, der Arme, was ein Geschenk ist«. Judas sei einer jener Menschen gewesen, die niemals zu einer Geste des Altruismus fähig seien und immer in der Sphäre des eigenen Ich lebten, ohne sich von den »schönen Situationen ergreifen« zu lassen. Eine Haltung, die dagegen die heilige Maria Magdalena ausgezeichnet habe, »als sie die Füße mit kostbarem Nardenöl salbte«. Das sei ein religiöser Augenblick gewesen, ein Moment der Dankbarkeit, der Liebe. Judas dagegen habe sich distanziert, in seiner Einsamkeit gelebt und sei auf diesem Weg weitergegangen. »Bitternis des Herzens« nannte dies der Papst. Und so »wie die Liebe in der Gabe wächst«, so sei es auch bei der entgegengesetzten Haltung, »der Egoismus wächst. Und in Judas ist er gewachsen bis zum Verrat Jesu«. Wer liebe, gebe sein Leben als Geschenk hin, wer Egoist sei, verrate, bliebe immer allein und »isoliert sein Gewissen im Egoismus, indem er sich nur um das eigene Leben kümmert; aber letztendlich verliert er es«.

Dem Egoismus zu verfallen, sei leicht. Erneut wies der Papst auf das Beispiel des Judas hin, der »ein Götzendiener war, am Geld hing. Johannes sagt es: Er war ein Dieb. Und dieser Götzendienst hat ihn dazu geführt, sich von der Gemeinschaft der anderen zu isolieren: Das ist das Drama eines isolierten Gewissens«. Wenn ein Christ beginnt, sich zu isolieren, »isoliert er sein Gewissen von dem Sinn für die Gemeinschaft, dem Sinn für die Kirche, von jener Liebe, die Jesus uns schenkt«. Und letztendlich verliere er wie Judas sein Leben. »Johannes sagt uns, dass ›der Satan in Judas fuhr‹. Und wir müssen das sagen: Satan ist ein schlechter Zahlmeister. Er betrügt uns: immer!«

Es gebe also zwei Wege, unter denen man wählen müsse: das Leben für sich selbst zu leben oder es als Geschenk zu leben, das heißt »so wie es Jesus getan hat: ›Wie der Vater mich geliebt hat, so sendet er mich aus Liebe und ich gebe mich hin aus Liebe‹«. Abschließend forderte der Papst dazu auf, in diesen Tagen der Erwartung des Pfingstfestes zum Heiligen

Geist zu beten: »Komm, komm und schenke mir ein weites Herz, das fähig ist, mit Demut und Sanftmut zu lieben«, und ihn auch zu bitten, dass er uns immer von dem anderen Weg befreien möge: dem Weg des Egoismus, der immer schlecht ende. ...

*Dienstag, 14. Mai 2013*

## Wenn die Hirten zu Wölfen werden

Bischöfe und Priester, die der Versuchung des Geldes und des eitlen Karrierestrebens nachgeben, verwandeln sich von Hirten in Wölfe, »die das Fleisch ihrer eigenen Schafe fressen«. Papst Franziskus gebrauchte sehr deutliche Worte, um das Verhalten dessen anzuprangern, der, wie er mit einem Zitat des hl. Augustinus sagte, »das Fleisch des Lämmleins nimmt, um es zu essen, und es ausnutzt; er macht Geschäfte und hängt am Geld, er wird habgierig und manchmal treibt er Ämterschacher. Oder er eignet sich aus Eitelkeit die Wolle an, um damit anzugeben«.

Bischöfe und Priester sollten darum beten, diese »echten Versuchungen« zu überwinden, sie bedürften aber auch des Gebets der Gläubigen. Desselben Gebets, um das der Papst am Mittwoch, 15. Mai, die Teilnehmer an der Frühmesse in der Kapelle der »Domus Sanctae Marthae« gebeten hat.

Der Heilige Vater kommentierte die Lesungen zum Tage: die erste (*Apostelgeschichte* 20,28–38) »ist eine der schönsten Stellen des Neuen Testaments«, merkte er an. Sie berichtet vom Verhältnis zwischen Paulus und den Gläubigen von Ephesus, also vom Verhältnis des Bischofs zu seinem Volk, »das von Liebe und Zärtlichkeit geprägt ist«. Über dieses Verhältnis spricht auch das *Johannesevangelium* (17,11–19), »wo einige Schlüsselwörter genannt werden«, erläuterte der Papst, die der Herr an die Jünger richtet: »seid wachsam«, »bewahrt sie, bewahrt das Volk«, »erbaut es, verteidigt es«. Und »Jesus sagt zum Vater: ›Heilige sie.‹« Mit diesen Worte und Gesten komme ein Schutzverhältnis zum Ausdruck, eine Liebesbeziehung zwischen Gott und dem Hirten und zwischen dem Hirten und dem Volk. »Das«, so präzisierte der Papst, »ist eine Botschaft, die an uns Bischöfe gerichtet ist, an die Priester. Jesus sagt zu uns: ›Wacht über euch selbst und über die ganze Schöpfung.‹ Der Bischof und der Priester müssen wachen, wachen gerade über ihr Volk. Sich ihres Volkes annehmen, es zum Wachstum führen. Und Wache stehen, um Alarm zu schlagen, wenn die Wölfe kommen.« All das »weist auf eine äußerst wichtige Beziehung zwischen Bischof, Priester und Gottesvolk hin. Letzten Endes ist ein Bischof nicht Bischof für sich selbst, sondern er ist es für das Volk; und ein Priester ist nicht Priester für sich selbst, sondern für das

Volk.« Das sei eine »sehr schöne« Beziehung, die auf gegenseitiger Liebe basiere. Und »dadurch wird die Kirche geeint. Ihr«, so forderte er die Gläubigen auf, »ihr sollt immer an eure Bischöfe und an die Priester denken, nicht wahr? Wir brauchen eure Gebete.«

Im Übrigen, so führte er aus, gründe das Verhältnis zwischen Bischöfen, Priestern und Gottesvolk nicht auf der sozialen Solidarität, in welcher »der Bischof, der Priester solidarisch ist mit dem Volk: wir hier, ihr dort«. Es handle sich vielmehr um eine »existenzielle«, eine »sakramentale Beziehung«, wie sie im Evangelium beschrieben werde, in der »Bischof, Priester und Volk niederknien und beten und weinen. Das ist die geeinte Kirche! Die gegenseitige Liebe zwischen Bischof, Priester und Volk. Wir bedürfen, um das zu tun, eurer Gebete, weil auch der Bischof und der Priester in Versuchung geführt werden können.«

Folglich bestehe die erste Aufgabe eines Bischofs und eines Priesters darin, »zu beten und das Evangelium zu verkünden. Ein Bischof, ein Priester muss sehr viel beten … Er muss immer den Auferstandenen, Jesus Christus, verkündigen. Wir müssen den Herrn darum bitten, dass er gerade uns Bischöfe und die Priester beschütze, damit wir beten, Fürsprache halten, mit Mut die Heilsbotschaft verkündigen können. Der Herr hat uns erlöst! Und er lebt mitten unter uns!« Aber »auch wir«, so fügte er hinzu, »sind nur Menschen und wir sind Sünder«: Wir alle können sündigen »und werden auch versucht. Was sind die Versuchungen, denen der Bischof und der Priester ausgesetzt sind? Der hl. Augustinus spricht in seinem Kommentar zum Propheten Ezechiel von zweierlei Versuchungen: vom Reichtum, der zum Geiz werden kann, und von der Eitelkeit. Er sagt: ›Wenn der Bischof, der Priester zum eigenen Nutzen von den Schafen profitiert, dann ändert sich die Richtung: Nicht der Priester, der Bischof ist für das Volk da, sondern dann sind es der Priester und der Bischof, die vom Volke nehmen.‹« Habgier und Eitelkeit: das seien die beiden Versuchungen, über die der hl. Augustinus spreche: »Das ist die Wahrheit!

Wenn ein Priester, ein Bischof vorrangig an Geld interessiert ist, dann liebt ihn das Volk nicht, und das ist ein Zeichen. Und er selbst nimmt ein böses Ende. Paulus spricht davon: ›Ich habe mit diesen meinen Händen gearbeitet.‹ Paulus hatte kein Bankkonto, er arbeitete. Und wenn ein Bischof, ein Priester auf den Weg der Eitelkeit gerät, dann tritt er ein in den Geist des Karrierestrebens, er fügt der Kirche großen Schaden zu.« Und am Ende mache er sich lächerlich, denn »er brüstet sich, es gefällt ihm, sich zu zeigen in all seiner Macht ... Und das liebt das Volk nicht!

Ihr seht, was unser Problem ist und was unsere Versuchungen sind. Deshalb müsst ihr für uns beten, damit wir arm bleiben, damit wir demütig bleiben, sanftmütig, im Dienst des Volkes.« Der Papst lud die Anwesenden ein, diese Stelle des Evangeliums nachzulesen, um sich von der Notwendigkeit zu überzeugen, »für uns Bischöfe und für die Priester« zu beten. »Wir brauchen das dringend, um treu zu bleiben, um Männer zu sein, die über die Herde wachen und auch über uns selbst.« Und auch deshalb, damit »der Herr uns vor Anfechtungen beschützen möge, denn wenn wir auf den Weg des Reichtums geraten, wenn wir den Weg der Eitelkeit einschlagen, dann werden wir Wölfe. Und nicht Hirten.« …

*Mittwoch, 15. Mai 2013*

## GUTE MANIEREN UND SCHLECHTE ANGEWOHNHEITEN

Nach den »Wohnzimmer-Christen« sind es die »Klatsch- und Tratsch-Christen«, die von Papst Franziskus ermahnt und dazu aufgefordert werden, das Bewusstsein ihrer Zugehörigkeit zur Kirche, zum Volk Gottes, wiederzuentdecken. Am Samstagmorgen, den 18. Mai, wies der Papst in der Messe in der Kapelle des vatikanischen Gästehauses auf die »schlechten Gewohnheiten« hin, die im Gegensatz zu den von vielen Christen zu Schau gestellten »guten Manieren« stünden. Und unter die schlechten

Gewohnheiten zähle gerade auch die, den anderen mit Worten, übler Nachrede und Verleumdung bloßzustellen.

Diese Art von Gerede wirke in der Kirche zerstörerisch. Jesus habe sehr viel mit Petrus gesprochen und mit allen anderen, so wie auch die Apostel untereinander und mit anderen gesprochen hätten, aber dies sei ein »Dialog der Liebe« gewesen. Jesus, so der Heilige Vater in seiner Predigt, habe Petrus mehrmals gefragt, ob dieser ihn mehr als die anderen liebe, ihn liebhabe. »Petrus hat darauf mit ja geantwortet und der Herr hat ihm seine Sendung anvertraut: Weide meine Herde.« Das sei ein »Dialog der Liebe« gewesen. Dann aber sei Petrus der Versuchung erlegen, sich in das Leben eines anderen einzumischen. »Jesus muss Petrus tadeln: Was geht das dich an? Das ist ein hartes Wort: Was geht das dich an? Misch dich nicht in das Leben eines anderen ein. Was geht das dich an, wenn ich das will?«, sagte der Papst in Bezug auf den Abschnitt aus dem *Johannesevangelium* (21,20–25). Petrus sei ein Mensch und daher sei auch er der Versuchung ausgesetzt gewesen, »seine Nase in das Leben anderer Leute zu stecken«. Auch in unserem Leben als Christen passiere das. Der Papst fragte: »Wie oft sind wir versucht, dies zu tun? Der Dialog, jener Dialog mit Jesus ist auf ein anderes Gleis geraten. Und dieses Einmischen geschieht auf verschiedene

Weise.« Franziskus hob zwei Arten hervor: sich immer mit den anderen vergleichen und das Gerede.

Das Vergleichen, so erklärte er, bestehe darin, sich immer zu fragen: »Warum mir und nicht dem da? Gott ist ungerecht!« Der Heilige Vater führte dann das Beispiel der kleinen Therese an. Diese habe verstehen wollen, warum Jesus ungerecht erschien, da er dem einen viel gebe und dem anderen so wenig. Da habe sie ihre größere Schwester gefragt und diese kluge Schwester habe einen Fingerhut und einen Becher genommen. »Sie hat beide mit Wasser gefüllt und dann gefragt: Sag mir, wer von beiden ist voller? Aber: Beide sind voll! Und so ist auch Jesus für uns. Ihn interessiert es nicht, ob du groß oder klein bist. Ihn interessiert, ob du von Liebe zu Jesus und von seiner Gnade erfüllt bist! So handelt Jesus an uns.« Wenn man sich allerdings vergleiche, dann ende das in »Bitterkeit und Neid. Das will der Teufel. Man beginnt mit dem Lob Jesu und dann endet man durch dieses Vergleichen in Bitterkeit und Neid.« Aber der Neid lasse die christliche Gemeinschaft »einrosten« und schade ihr sehr.

Die zweite Art und Weise des Einmischens sei das Gerede. Man beginne sehr wohlerzogen: »Aber ich will über niemanden etwas Schlechtes sagen …« und »dann zieht man dem Nächsten die Haut ab. Genau so! Wie viel wird in der Kirche getratscht! Wie viel klatschen wir Christen!« Und dieses

Gerede verletze den anderen, so als wollte man den anderen kleiner machen, um selbst größer zu werden. »Das geht nicht! Es scheint angenehm zu sein, zu klatschen … Ich weiß nicht warum, aber es scheint schön zu sein. So wie die Honigbonbons, nicht wahr? Du nimmst eins und sagst: Wie schön! Und noch eins und noch eins, und am Schluss bekommst du Bauchweh.« So sei das Gerede: »Am Anfang ist es süß und dann ruiniert es dich, es richtet deine Seele zugrunde!

Klatsch und Tratsch wirken zerstörerisch in der Kirche, sie zerstören! Es ist ein wenig der Geist Kains: den Bruder mit der Zunge töten.« Und das tue man mit wohlerzogenen Manieren. »Aber so werden wir Christen mit guten Manieren und schlechten Angewohnheiten! Wohlerzogene Christen, aber schlechte Christen!« Schließlich zählte der Papst drei weitere negative Verhaltensweisen auf. Vor allem die Desinformation, das heißt, wenn wir »nur die eine Hälfte erzählen, was für uns vorteilhaft ist, und nicht die andere Hälfte; die andere Hälfte erzählen wir nicht, weil das für uns nicht vorteilhaft ist.« Dann sei da die üble Nachrede: »Wenn ein Mensch wirklich einen Fehler hat, etwas Schlimmes angestellt hat«, dann müsse man das erzählen, »den Journalisten spielen, oder nicht? Und der Ruf dieser Person ist ruiniert!« Und das dritte sei die Verleumdung, das heißt, »Sachen erzählen, die nicht wahr sind. Das heißt wirklich, seinen Bruder umzubringen!«

Desinformation, üble Nachrede und Verleumdung: »Das ist Sünde! Das bedeutet, Jesus eine Ohrfeige zu geben« in seinen Brüdern und Schwestern. Und »der Herr weiß das, er weiß, wie wir sind«. Deshalb sagte er zu Petrus: »Was geht das dich an? Du, folge mir nach! Er weist ihm den Weg: nicht dahin und dorthin blicken.« Das Vergleichen mit den anderen wird »dir nicht guttun, es wird dir Neid und Bitterkeit bringen. Folge mir! Das Gerede wird dir nicht guttun, weil es dich zu diesem Geist der Zerstörung in der Kirche führt. Folge mir! Das ist ein schönes Wort Jesu, so klar und so liebevoll für uns.« Es ist, als würde er uns sagen: Phantasiert nicht, indem ihr denkt, »dass das Heil im Vergleichen mit den anderen liegt oder in Klatsch und Tratsch. Das Heil ist es, mir zu folgen. Jesus nachfolgen! Bitten wir heute Jesus, den Herrn, dass er uns diese Gnade schenken möge, uns niemals in das Leben der anderen einzumischen, niemals Christen mit guten Manieren und schlechten Angewohnheiten zu werden.«

*Samstag, 18. Mai 2013*

Die wahre Macht ist Dienst. Das ist eine Auffassung, die Papst Franziskus bereits bei anderen Gelegenheiten ausgesprochen und am Dienstag, 21. Mai, erneut bei der Messe wiederholt hat, die er in der Kapelle der »Domus Sanctae Marthae« feierte. Er bezog sich auf eine Auslegung einer Stelle des *Markusevangeliums* (9,30–37), die in der liturgischen Feier verlesen wurde.

Das Echo der tragischen Nachrichten aus den Vereinigten Staaten, wo ein heftiger Tornado Oklahoma City verwüstet hat, hallte bei der Messe während des Gebets der Gläubigen wider, als eine der Fürbitten den Katastrophenopfern galt. In der biblischen Geschichte durchquert Jesus Galiläa in Begleitung seiner Jünger und spricht mit ihnen über seine Passion: »Der Menschensohn wird den Menschen ausgeliefert, und sie werden ihn töten«, aber nach drei Tagen wird er auferstehen. »Er sprach zu seinen Jüngern über diese Realität«, erklärte der Heilige Vater, »über das, was er tun musste, seinen Dienst, die Passion, sie aber verstanden diese Worte nicht; sie waren gedanklich abwesend, sie stritten untereinander. Und der Herr wusste es.« So gut, dass er, als sie nach Kafarnaum kamen, »sie fragte: Worüber streitet ihr da auf der Straße?«, und sie »schwiegen« vor Scham. Tatsächlich hatten sie auf der Straße darüber gestritten, wer von ihnen wohl der Größte sei.

»Den Machtkampf innerhalb der Kirche«, so betonte der Papst in seiner Auslegung der Geschichte, »gibt es nicht erst seit heute, nicht wahr? Er hat damals begonnen, gerade mit Jesus«: während der Herr über seine Passion sprach, hatten die Jünger nichts Besseres zu tun, als darüber zu streiten, wer von ihnen der Wichtigste wäre, um »das größte Stück« dessen zu verdienen, was der Papst mit einer Torte verglich, die aufgeteilt werden sollte. Aber die Kirche darf nicht so sein. Der Heilige Vater wiederholte dies mit einem anderen Zitat aus dem *Matthäusevangelium* (20,25–26), wo Jesus den Jüngern erläutert, was der eigentliche Sinn der Macht sei: »Die Herrscher unterdrücken ihre Völker und missbrauchen ihre Macht … Bei euch soll es nicht so sein.

Das ist der Schlüssel: Bei euch soll es nicht so sein«, bekräftigte der Bischof von Rom. Folglich darf in der Optik des Evangeliums »in der Kirche kein Machtkampf existieren. Oder, wenn wir so wollen, dann soll es ein Kampf um die wahre Macht sein, das also, was er durch sein Vorbild uns gelehrt hat: die Macht des Dienens. Die wahre Macht ist Dienen. Wie er es getan hat, der nicht gekommen ist, um sich bedienen zu lassen, sondern um zu dienen. Und sein Dienst war wahrlich ein Kreuzesdienst; er hat sich erniedrigt bis zum Tod, zum Tod am Kreuz, für uns, um uns zu dienen, um uns zu retten.« In der Kirche gibt es keinen anderen Weg, um voranzukommen. »Für den Christen«, so erläuterte der Papst, »bedeutet vorangehen fortschreiten, sich erniedrigen. Wenn wir diese christliche Grundregel nicht lernen, dann werden wir nie die eigentliche christliche Botschaft über die Macht verstehen.« Deshalb heißt vorangehen, immer zu dienen. Und »in der Kirche ist derjenige der Größte, der am meisten dient, der am meisten tut im Dienst der anderen. Das ist die Regel. Aber seit damals und bis heute fehlt es in der Kirche nicht an Machtkämpfen.«

Darauf behandelte der Papst die Art von Sprache, die man für gewöhnlich benutzt, um zu betonen, dass die Karriereleiter erklommen wird: »Wenn jemand eine neue Stelle übertragen bekommt, die in den Augen der Welt eine höhere Position darstellt, dann heißt es: Seht, diese Frau wurde zur Präsidentin jener Vereinigung befördert; und jener Mann ist befördert worden.« Befördern: »Ja«, so kommentierte er, »das ist ein schönes Verb. Und man muss es in der Kirche gebrauchen: Ja, dieser ist ans Kreuz befördert worden; jener wurde zur Demütigung befördert. Das ist die wirkliche Beförderung. Das, was uns Jesus ähnlicher macht.« Der hl. Ignatius lässt uns in den Exerzitien »den gekreuzigten Herrn um die Gnade der Demütigungen bitten: Herr, ich will gedemütigt werden, um dir ähnlicher zu werden.

Das ist die Liebe, das ist die Macht des Dienens in der Kirche. Und man dient den anderen besser auf der Straße Jesu«, sagte der Papst. Jesus kennt keine anderen Arten der Beförderung.

Es sind Beförderungen, die der Papst als »weltlich« bezeichnet hat und die bereits seit den Zeiten Jesu existieren. »In der Kirche hat es sie immer gegeben«, wiederholte er, »Seilschaften, um noch höher zu steigen: Karrieredenken, Emporkömmlinge, Nepotismus.« Der Papst spielte dann auf eine Art von »wohlerzogener Simonie« an, jene also, die einen dazu bringt, jemanden heimlich dafür zu bezahlen, um Karriere zu machen. »Aber das ist nicht der Weg des Herrn. Der Weg des Herrn ist sein Dienst. So wie er seinen Dienst getan hat, so müssen auch wir ihm nachfolgen auf der Straße des Dienens. Das ist die wahre Macht in der Kirche. Ich möchte heute für uns alle darum beten, dass uns der Herr die Gnade gewähren möge, zu verstehen, dass die wahre Macht in der Kirche der Dienst ist, und auch darum, diese goldene Regel zu verstehen, die er uns durch sein Beispiel gelehrt hat: vorangehen, weitergehen heißt für den Christen, dass er sich erniedrigen soll«, so schloss er. ...

*Dienstag, 21. Mai 2013*

Niemand darf in Gottes Namen töten. Das auch nur auszusprechen ist eine Gotteslästerung. Hingegen kann jeder Mensch, welchem Glauben er auch angehört, nicht nur Gutes tun, sondern er muss es tun, weil er »das Gebot in sich trägt, Gutes zu tun«, insofern er »als Ebenbild Gottes geschaffen worden« ist. Das ist, kurz zusammengefasst, die Reflexion, die Papst Franziskus Mittwoch, 22. Mai, in der Kapelle der »Domus Sanctae Marthae« bei der Frühmesse vorgetragen hat.

Die Passage aus dem *Markusevangelium* (9,38–40), die während der Messe verlesen wurde, berichtet über die Beschwerde, welche die Jünger über jemanden führten, der zwar Gutes tat, aber nicht zu ihrer Gruppe gehörte. »Jesus weist sie zurecht: Hindert ihn nicht, lasst, dass er Gutes tut. Die Jünger wollten, ohne weiter nachzudenken, die Ränke schließen um eine Idee herum: Nur wir dürfen Gutes tun, weil wir die Wahrheit gepachtet haben. Und alle anderen, die nicht die Wahrheit haben, können nichts Gutes tun«, erläuterte der Papst. Das aber ist die falsche Einstellung. Und Jesus korrigiert sie. An diesem Punkt ist es legitim, »dass wir uns fragen: Wer kann Gutes tun, und warum? Was bedeutet dieses ›hindert ihn nicht‹ Jesu? Was steckt dahinter?« In diesem Fall »waren die Jünger etwas intolerant«, aber

»Jesus erweitert den Horizont, und wir dürfen uns vorstellen, dass er sagt: Wenn dieser Gutes tun kann, dann können alle Gutes tun. Auch diejenigen, die nicht zu uns gehören.«

Was aber ist die Herkunft dieser Möglichkeit, die alle Menschen gemein haben? »Ich glaube, dass sie in der Schöpfung angelegt ist«, antwortet der Papst: »Der Herr hat uns nach seinem Bild geschaffen, und »er tut das Gute, das wir alle im Herzen haben, in diesem Gebot: Tu Gutes und tu nicht das Böse. Jedermann.« Und »den Menschen, die sagen: das ist kein Katholik, er kann nicht Gutes tun, antworten wir: Doch, das kann er, er muss es tun; er kann nicht nur, sondern er muss, weil er dieses Gebot in sich hat«, in seinem Herzen.

Zu glauben, dass nicht jeder Gutes tun kann, ist eine Verschließung, »eine Mauer«, so betonte der Heilige Vater, »die uns bis an den Rand des Krieges führt« und »dazu, was manche Menschen im Verlauf der Geschichte gedacht haben: Töten im Namen Gottes. Wir können im Namen Gottes töten.« In der Tat »ist die Behauptung, man dürfe im Namen Gottes töten, eine Gotteslästerung«. Der Herr hat durch das Blut Christi alle Menschen erlöst, »alle, nicht nur die Katholiken. Alle«, erinnerte der Bischof von Rom. Und die Atheisten? »Auch sie, alle. Gerade dieses Blut macht uns zu Kindern Gottes.« Das ist der Grund dafür, »dass wir alle das Gute tun müssen.«

Dies ist auch »ein schöner Weg in Richtung Frieden«. Wenn nämlich jedermann seinen Teil am Guten tut und es den anderen erweist, »dann begegnen wir uns, während wir Gutes tun.« Und so errichten wir »eine Kultur der Begegnung; wir haben das bitter nötig.« Also keine Präklusion Atheisten gegenüber oder denen gegenüber, die anders denken als wir: »Tu Gutes, und da begegnen wir uns«, weil der Herr »auf dieser Straße des Lebens« »in dessen Herzen zu jedem Menschen spricht.« Gutes tun »ist eine Pflicht, ein Ausweis, den unser Vater allen Menschen gegeben hat, weil er uns nach seinem Ebenbild geschaffen hat. Und er tut immer das Gute«, sagte der Papst.

»Heute möchte ich den Herrn darum bitten«, so schloss er, »jedermann diese Gnade zu gewähren. Das Gebot zu entdecken, das wir alle erhalten haben: Tu Gutes, tu nicht das Böse, und daran arbeiten, uns zu begegnen, während wir Gutes tun.« Ein Weg, den jeder Mensch einschlagen kann, so wiederholte Papst Franziskus, der daran erinnerte, dass »heute der Festtag der hl. Rita ist, der Schutzpatronin der aussichtslosen Fälle«; und deshalb, wenn uns das unmöglich zu sein scheint, »bitten wir sie um diese Gnade«, dass wir alle Gutes tun, als seien wir eine einzige große Familie. Eine »Schöpfungsarbeit« nannte er das, ein Werk, das uns »der Schöpfung des Vaters annähert.« …

*Samstag, 22. Mai 2013*

»In dem Gebet, das im lateinischen Messbuch für die heutige Frühmesse steht, die *Maria, Hilfe der Christen* gewidmet ist« – so Papst Franziskus in seiner Predigt bei der liturgischen Feier in der Kapelle der »Domus Sanctae Marthae« am 24. Mai –, »erbitten wir zweierlei Gnaden: äußere und innere Nöte geduldig zu ertragen und mit Hilfe der Liebe zu überwinden.« Diese Gnaden sind dem Christen zu eigen; aber »es ist nicht einfach, geduldig zu erdulden«, gab der Papst zu. In der Tat, »wenn von außen Schwierigkeiten herangetragen werden oder wenn sich im Herzen, in der Seele Probleme auftun, innere Probleme, dann ist es nicht einfach, sie geduldig zu ertragen.

Es ist leichter, ungeduldig zu werden.« Was heißt das also: ertragen? Ertragen heißt, »eine Schwierigkeit oder ein Problem zu tragen. Aber heißt das, dass man diese Schwierigkeit auf sich trägt? Nein. Ertragen, erdulden«, so legte der Heilige Vater dar, »heißt, das Problem, die Schwierigkeit nehmen und sie mit aller Kraft hochzubringen, damit sie uns nicht niederdrückt oder beugt. Das ist eine christliche Tugend. Der hl. Paulus spricht wiederholt über sie. Ertragen bedeutet also, sich nicht von den Schwierigkeiten überwältigen zu lassen. Der Christ hat die Kraft, seine Arme nicht hängen zu lassen, sondern sie hochzunehmen, zu tragen.«

Keine einfache Aufgabe, weil man von der Entmutigung erfasst wird und den Wunsch verspürt, »die Arme hängen zu lassen und zu sagen: Kommt, machen wir, was uns möglich ist, lassen wir es dabei bewenden! Ertragen ist eine Gnade, und wenn wir in Schwierigkeiten sind, müssen wir um sie bitten.«

Die zweite Gnade, über die der Papst sprach, ist diejenige, siegreich zu sein durch die Liebe. Er präzisierte: »Man kann auf vielerlei Art gewinnen, aber die Gnade, um die wir heute bitten, ist die Gnade des Sieges, der durch die Liebe errungen wird.« Das ist nicht einfach. Die Liebe besteht in »jener Sanftmut, die Jesus uns gelehrt hat. Das ist der Sieg.« Der Apostel Johannes, sagte der Papst hierzu, »sagt uns in seinem ersten Brief: Das ist unser Sieg, unser Glaube. Unser Glaube ist eben dies: an Jesus glauben, der uns die Liebe gelehrt hat und der uns gelehrt hat, alle Menschen zu lieben. Und der Beweis dafür, dass wir in der Liebe sind, erweist sich darin, dass wir für unsere Feinde beten.«

Der Heilige Vater führte als Beispiel die Altersweisheit an: »Wie viele alte Menschen haben diesen Weg beschritten. Es ist schön, sie anzuschauen. Sie haben jenen schönen Blick in den Augen, jenes heitere Glück. Sie reden nicht viel, aber sie sind geduldigen Herzens und voller Liebe. Sie wissen, was es heißt, den Feinden zu vergeben, sie wissen, was es

heißt, für Feinde zu beten. Viele Christen sind so.«
Wenn wir hingegen »den anderen Weg einschlagen,
den des Nicht-Verzeihens, den der vorenthaltenen
Liebe«, dann »sind wir ungeduldig und ermüden.«
»Der Sieg«, so schloss er, »ist der Glaube an Jesus,
der uns den Weg der Liebe gelehrt hat, und die
Niederlage besteht darin, den anderen Weg einzuschlagen. Wie vielen traurigen, entmutigten Christen
begegnen wir doch, weil ihnen die Gnade, geduldig
zu ertragen und durch die Liebe zu siegen, nicht
zuteilwurde!«

Als er zu Beginn der Messe über den liturgischen Festtag sprach, erinnerte Papst Franziskus an
das Fest *Maria, Hilfe der Christen* und sagte: »Die
ganze Kirche betet für China, für die chinesischen
Christen. Heute früh bringen wir die heilige Messe
dar für dieses edle und große chinesische Volk, für
seine Christen, damit die Muttergottes ihnen helfe
und sie behüte.«

Unter den Teilnehmern an der Messe waren
unter anderen Erzbischof Savio Hon Tai-Fai, Sekre-
tär der Kongregation für die Evangelisierung der
Völker, sowie eine Gruppe von chinesischen Priestern, Ordensleuten, Seminaristen und Laien, die
deren in Rom ansässige katholische Gemeinschaft
vertraten. ...

*Freitag, 24. Mai 2013*

Fragende und bittende Christen dürfen nie auf verschlossene Türen stoßen. Kirchen sind keine Büros, wo man Dokumente und Unterlagen vorweisen muss, um in die Gnade Gottes einzutreten. »Wir dürfen kein achtes Sakrament schaffen: das Sakrament des pastoralen Zolls!« Die christliche Aufnahmebereitschaft war das Thema der Predigt in der heiligen Messe, die Papst Franziskus am 25. Mai in der Kapelle der »Domus Sanctae Marthae« feierte. ... In seinem Kommentar zum *Markusevangelium* (10.13–16) verwies der Papst auf den Tadel Jesu an die Jünger, als diese die Kinder von ihm fernhalten wollten. Denn die Leute hätten sie zu ihm gebracht, um eine Liebkosung zu erbitten. Die Jünger dagegen hätten eine »allgemeine Segnung« vorgeschlagen, und »dann alle raus« ... Was aber sage das Evangelium? Dass Jesus unwillig geworden sei, so der Papst, und gesagt habe: »Lasst die Kinder zu mir kommen; hindert sie nicht daran! Denn Menschen wie ihnen gehört das Reich Gottes.«

Der Glaube des Gottesvolkes sei ein einfacher Glaube. Es wisse zum Beispiel vielleicht nicht gut zu erklären, wer die Jungfrau Maria sei, »dafür muss man sich an den Theologen wenden: Er wird dir sehr gut erklären, wer Maria ist«. Aber, so fügte der Papst sofort hinzu: »Wenn du wissen willst, wie man Maria liebt, dann geh zum Volk Gottes, es wird dir das besser und gut erklären.« Das Volk wende sich immer an Jesus, um ihn um etwas zu bitten, zuweilen auch mit einer gewissen Hartnäckigkeit. Der Heilige Vater erzählte: »Ich erinnere mich, dass einmal beim Patronatsfest in der Stadt Salta eine einfache Frau einen Priester um den Segen bat. Der Priester sagte ihr: Aber, liebe Frau, Sie waren gerade in der Messe! Und dann hat er ihr die gesamte Theologie des Segens in der Messe erklärt. Ah, danke, Herr Pfarrer, hat die Frau geantwortet. Aber als der Priester weg war, wandte sie sich an einen anderen Priester: Geben Sie mir den Segen! Die Worte hatten sie nicht erreicht, weil sie etwas anderes brauchte, sie hatte das Bedürfnis, vom Herrn berührt zu werden. Das ist der Glaube, den wir suchen und den wir immer finden müssen, weil der Heilige Geist ihn weckt. Wir müssen ihn begünstigen, wachsen lassen, ihm helfen zu wachsen.«

Der Papst kehrte anschließend zur Erklärung der Haltung Jesu zurück, der die Apostel tadelt, weil sie die Leute daran hindern, sich ihm zu nähern. Sie hätten dies nicht aus Böswilligkeit getan, sie hätten ihm nur helfen wollen. Dasselbe hätten auch diejenigen getan, die in Jericho versuchten, den Blinden zum Schweigen zu bringen, der von der Anwesenheit Jesu erfahren hatte und mit seinem Schreien die Aufmerksamkeit auf sich lenken wollte, um gerettet zu werden. Es sei gewesen, als hätten sie gesagt: »Das Protokoll erlaubt das nicht: Dieser ist die zweite Person der Dreifaltigkeit, was fällt dir ein? Das lässt mich an viele Christen denken …«

Zur Verdeutlichung des Gesagten brachte der Papst einige Beispiele. Zum Beispiel wenn zwei Verlobte, die heiraten wollten, in das Sekretariat einer Pfarrei kommen und statt Unterstützung und Glückwünschen hören, wie viel die Zeremonie kostet, und sie gefragt werden, ob ihre Dokumente in Ordnung sind. So fänden sie zuweilen die Tür verschlossen. So würde der, der die Möglichkeit hätte, »die Türe zu öffnen«, indem er Gott für diese neue Eheschließung danke, das nicht tun, sondern vielmehr sogar die Tür verschließen. Zu häufig sind wir »Kontrolleure des Glaubens, statt den Glauben der Menschen zu erleichtern«, so der Papst. Und das sei etwas, das schon »zur Zeit Jesu bei den Aposteln« begonnen habe.

Es gehe dabei um »eine Versuchung, die wir haben; die Versuchung, uns des Herrn zu bemächtigen, ihn zu besitzen«. Franziskus brachte ein weiteres Beispiel: eine unverheiratete junge Frau, die in die Kirche, die Pfarrei, kommt und ihr Kind taufen lassen will und von »einem Christen oder einer Christin« zu hören bekommt: »Nein, du kannst das nicht, weil du nicht verheiratet bist.« Man müsse sich überlegen, dass diese Frau »den Mut gehabt habe, die Schwangerschaft zu Ende zu bringen« und nicht abzutreiben. »Auf was stößt sie? Auf eine verschlossene Tür. Und so geht es vielen. Das ist kein guter pastoraler Eifer. Er entfernt vom Herrn, er öffnet nicht die Türen. Und wenn wir auf diesem Weg sind, mit dieser Haltung, dann tun wir den Menschen, dem Volk Gottes nichts Gutes. Denn Jesus hat sieben Sakramente eingesetzt und mit dieser Haltung schaffen wir ein achtes: das Sakrament des pastoralen Zolls.«

»Jesus wird unwillig, als er das sieht, denn wer leidet darunter? Sein gläubiges Volk, die Menschen, die er so sehr liebt.« Jesus wolle, so der Papst abschließend, dass alle ihm nahe kommen. »Denken wir an das heilige Volk Gottes, das einfache Volk, das sich Jesus nähern will. Und denken wir an alle gutwilligen Christen, die irren und die statt eine Tür zu öffnen, diese verschließen. Und bitten wir den Herrn, dass alle, die sich der Kirche nähern, offene Türen finden, um dieser Liebe Jesu zu begegnen.«

*Samstag, 25. Mai 2013*

### Gottes Zeit ist endgültig

Der Reiz des Vorläufigen, das Gefühl, Herren der Zeit zu sein, und die Wohlstandskultur um jeden Preis hindern den Menschen unserer Zeit oft daran, Jesus ganz aus der Nähe nachzufolgen. »Wir meinen, es da mit zwei Reichtümern zu tun zu haben«, aber in Wirklichkeit hindern sie uns daran, »voranzugehen«, sagte Papst Franziskus am Montag früh, 27. Mai, in seiner Auslegung des *Markusevangeliums* (10,17–27), das im Verlauf der Messe in der Kapelle der »Domus Sanctae Marthae« verlesen worden war.

Der Evangelist erzählt von dem reichen Mann, der an Jesus herantritt, um ihn zu fragen, wie er das ewige Leben erlangen könne. »Das«, so erklärte der Papst, »war ein guter Mann: Er sucht Jesus auf und wirft sich vor ihm auf die Knie: ein Mann, der in seinem Herzen zu Mitgefühl fähig war; ein frommer Mann; ein Gerechter. Aber er geht zu Jesus, weil er in seinem Inneren etwas verspürt: er verspürt den Wunsch, weiterzugehen, Jesus ganz aus der Nähe nachzufolgen; es war der Heilige Geist selbst, der ihn dazu drängte.« Der Mann versichert Jesus, dass er die Gebote zu befolgen pflegt. Und er fragt ihn, was er weiter tun soll. Aber auf die Aufforderung Jesu, »der ihn liebt«, all seine Güter zu verkaufen, bevor er ihm nachfolge, »wird dieser gute, dieser gerechte Mann – ein Mann, den der Heilige Geist dazu drängt, noch weiter zu gehen, Jesus noch näher zu kommen – mutlos: Auf diese Worte hin verfinsterte sich sein Gesicht, und er ging traurig weg. Und Jesus schaute sich um und sagte zu seinen Jüngern: Wie schwer ist es für Menschen, die viel besitzen, in das Reich Gottes zu kommen«, erinnerte der Heilige Vater.

Er erläuterte also: »Reichtümer sind ein Hindernis, etwas, das den Weg hin zum Reich Gottes erschwert. Jeder von uns hat seine eigenen Reichtümer, oft aber handelt es sich um Reichtümer, die daran hindern, Jesus nahezukommen« und die bisweilen sogar »Traurigkeit« verursachen. »Wir alle«, so mahnte der Heilige Vater, »müssen uns einer Gewissensprüfung darüber unterziehen, worin unsere jeweiligen Reichtümer bestehen, die uns auf dem Weg des Lebens daran hindern, uns Jesus zu nähern.« Es handelt sich dabei um Reichtümer, die sich aus unserer Kultur ableiten. Der erste Reichtum »ist der Wohlstand. Die Wohlstandskultur, die dafür sorgt, dass wir wenig Mut haben, die uns faul und auch zu Egoisten macht.« Manchmal »betäubt uns der Wohlstand«, weil es uns schließlich »zusagt, wohlhabend zu sein«. Auch wenn wir vor die Wahl gestellt sind, ob wir ein Kind haben wollen, lässt man sich oft vom Wohlstandsdenken konditionieren. Der Papst stellte sich einen Dialog zwischen Eheleuten vor: »Nein, nein, auf keinen Fall mehr als ein Kind, nein! Es ist gut und schön, dem Herrn zu folgen, aber nur bis zu einem gewissen Punkt ...« Und er kommentierte dazu: »Das ist eine Konsequenz des Wohlstands. Wir alle wissen ganz genau, was der Wohlstand macht. Aber das drückt uns nieder, nimmt uns jenen Mut, jenen starken Mut, dessen es bedarf, um Jesus näherzukommen.« Und doch »ist das der erste Reichtum der heutigen Kultur: die Wohlstandskultur.«

Darüber hinaus verwies der Papst auch auf einen weiteren Reichtum, der »uns daran hindert, uns Jesus zu nähern: Es handelt sich um den Reiz des Vorläufigen. Wir sind verliebt in alles, was vorläufig ist«, während die Vorschläge Jesu endgültig sind. Wir mögen das Vorläufige, »weil wir vor der Zeit Gottes Angst haben«, die eine endgültige Zeit ist.

Und wie es häufig vorkommt, griff der Papst wieder auf eine persönliche Erinnerung zurück: »Man hat mir von einem Mann erzählt, der Priester werden wollte, aber nur für zehn Jahre, nicht länger.« Und dasselbe geschieht bei vielen Paaren, die heiraten und denken: »Solange die Liebe anhält, und dann sehen wir weiter.« Das ist »der Reiz des Vorläufigen«, der zweite »Reichtum«, der die Menschen unserer Zeit fasziniert; und er drängt sie ganz besonders dazu, »Herren der Zeit zu werden: Wir reduzieren die Zeit bis auf den Augenblick.«

Gerade Wohlstand und Vorläufigkeit sind die beiden Reichtümer, die uns in der zeitgenössischen Gesellschaft »daran hindern, weiterzugehen.« Auf der anderen Seite dachte der Papst »an die vielen Männer und Frauen, die ihr Land verlassen haben, um Missionare zu werden, für das ganze Leben«; und an die »vielen Männer und Frauen, die ihr Haus verlassen haben, um zu heiraten, für das ganze Leben, und die bis zum Ende gegangen sind.« Das, so bekräftigte er, »heißt, Jesus aus der Nähe nachzufolgen, es ist diese Endgültigkeit.« Während »das Vorläufige heißt, dass man Jesus nicht nachfolgt: Das Vorläufige ist unser eigenes Terrain«, auf dem wir »Herren sind«. Daher die Mahnung des Papstes: »Angesichts der Einladung Jesu, angesichts dieser beiden kulturellen Reichtümer, sollen wir an die Jünger denken«, die fassungslos waren. Auch wir können fassungslos sein angesichts dieser Worte Jesu: Und als Jesus sie etwas erläutert hat, da waren sie noch viel überraschter.«

Also – so lautete die abschließende Aufforderung – »bitten wir den Herrn darum, dass er uns den Mut gebe, voranzugehen, indem wir uns dieser Wohlstandskultur durch die Hoffnung entledigen«, die »das Ende des Weges ist, wo er uns erwartet in der Zeit; nicht mit der kleinen Hoffnung des Augenblicks, die nicht mehr wirkt«. ...

*Montag, 27. Mai 2013*

## Der Lohn des Christen

Das Leiden ist Teil des Lebens; aber für den Christen, der berufen ist, denselben Weg zu gehen wie Christus, wird es zu einem Mehrwert. Umso mehr, wenn es sich in Form einer Verfolgung präsentiert, die der Geist der Welt in Gang setzt, weil er das christliche Zeugnis nicht toleriert. Das ist, knapp zusammengefasst, die Reflexion des Papstes, die er während der Messe zum Ausdruck brachte, die er am Dienstag früh, 28. Mai, in der Kapelle der »Domus Sanctae Marthae« feierte. In seinem Kommentar zur Tageslesung (*Mk* 10, 28–31) griff der Papst seine Reflexion über den Dialog Jesu mit dem reichen Jüngling auf. Dieser hatte Jesus gefragt, was er tun müsse, um das ewige Leben zu erlangen. In der Tat erinnerte der Papst daran, dass Petrus die Mahnungen Jesu angehört hatte, in denen es um die Reichtümer ging, die es »sehr schwer machen, in das Reich Gottes zu gelangen«.

Auf die Worte des Herrn hin fragt ihn Petrus: »In Ordnung, aber was ist mit uns? Wir haben alles für dich verlassen. Worin wird unser Lohn bestehen? Was wird die Belohnung sein?« Die Antwort Jesu ist vielleicht »ein wenig ironisch: Aber ja doch, auch du und ihr alle, die ihr Haus, Brüder, Schwestern, Mutter, Sohn, Felder verlassen habt, werdet das Hundertfache erhalten«; aber er kündigt ihnen an, dass sie »die Verfolgung« durchleiden müssen, die als der Lohn oder besser gesagt als »die Entlohnung des Jüngers« beschrieben wird.

Dem, der ihm nachfolgt, sichert Jesus die Zugehörigkeit zur »Familie der Christen« zu und erinnert daran, dass »wir alle Brüder sind«. Aber er warnt auch, dass »es Verfolgungen und Schwierigkeiten geben wird«, wobei er zu ebendiesem Thema zurückkehrt: »Wer mir nachfolgt, muss denselben Weg gehen, den auch ich gegangen bin.« Einen Weg, so erläuterte der Papst, der dazu führt, sich zu erniedrigen, und der »am Kreuz endet. Es wird da immer Schwierigkeiten geben, die aus der Welt kommen, und Verfolgungen, denn er ist als Erster diesen Weg gegangen. Wenn ein Christ im Leben keinerlei Probleme hat, alles gut geht, alles schön ist, dann stimmt irgendetwas nicht.« Da müsse man wohl annehmen, dass er der Versuchung nachgegeben hat, dem Geist der Welt nachzufolgen statt Christus.

Dem Herrn nachzufolgen, so wiederholte der Bischof von Rom, bedeutet, dass man dies bis ganz zum Ende tut. Die Nachfolge Christi darf nicht bloß Ausdruck einer Kultur bleiben. Noch viel weniger darf sie ein Mittel sein, um noch mehr Macht zu erlangen. Im Hinblick darauf bemerkte der Papst, dass »die Kirchengeschichte voll ist hiervon, angefangen bei einigen Kaisern; dann viele Regierende, viele Menschen. Und auch einige – ich will nicht gerade sagen: viele, aber einige – Priester, einige Bischöfe. Es sind nicht viele, aber manche Leute denken, dass Jesus nachzufolgen darin besteht, Karriere zu machen.«

Das ist eine Vorstellung, sagte Papst Franziskus, die man in der Literatur vor einigen Jahrzehnten in den Heiligenviten wiederfinden konnte, wo es normal war, zu lesen, dass einer »als Kind vorhatte, die kirchliche Karriere einzuschlagen. So drückte man das aus, es war eine Redensart. Aber viele Christen, die vom Geist der Welt versucht werden«, fügte der Papst hinzu, »glauben, dass es gut sei, Jesus nachzufolgen«, weil man »so Karriere machen und vorankommen kann«. Gleichwohl »ist das nicht die richtige Einstellung«; vielmehr ist es das Verhalten des Petrus, der fragt: »Und wir, welche Karriere machen wir?«. Die Antwort Jesu lautet hingegen: »Ja, ich werde dir alles geben, in der Verfolgung.«

Es ist unmöglich, kommentierte der Bischof von Rom, »das Kreuz vom Weg Jesu zu entfernen, es ist immer da.« Sicher, der Christ darf sich nicht selbst Schaden zufügen. »Darum geht es nicht«, führte er hierzu aus und fügte hinzu: »Der Christ folgt Jesus aus Liebe nach, und wenn man Jesus aus Liebe nachfolgt, dann vollbringt der Neid des Teufels viele Dinge. Der Geist der Welt erträgt das nicht, er erträgt das Zeugnis nicht. Denkt an Mutter Teresa«, die als eine positive Gestalt gesehen wird, die »viele schöne Dinge für ihre Mitmenschen getan hat. Der Geist der Welt sagt nie, dass die selige Teresa viele Tage, viele Stunden in Anbetung verbracht hat, nie. Er reduziert das christliche Handeln darauf, Gutes zu tun im Sozialen. Als ob das Dasein des Christen ein Anstrich wäre, eine christliche Patina. Aber die Verkündigung Jesu ist keine Patina«, sie dringt bis in die Knochen, direkt »zum Herzen; dringt hinein und verwandelt uns. Und das kann der Geist der Welt nicht ertragen; er erträgt es nicht, und deshalb kommt es zu den Verfolgungen.«

Daraus leitet sich die Aufforderung ab, an die Antwort Jesu zu denken: Es gibt niemand, der sein Haus oder die Brüder, Schwestern oder Mütter oder Väter oder Kinder oder Felder verlassen hat »um meinetwillen, der nicht bereits jetzt, in diesem Leben, das Hundertfache erhält, an Häusern, Brüdern, das aber zusammen auch mit den Verfolgungen. Vergessen wir das nicht.« Jesus Schritt für Schritt in Liebe nachfolgen: Das ist Nachfolge Christi, so schloss der Heilige Vater. Aber der Geist der Welt wird das auch weiterhin nicht ertragen und wird die Christen leiden machen.

Es handelt sich dabei aber um ein Leiden wie jenes, das Jesus erduldet hat: »Bitten wir um diese Gnade: Jesus auf dem Weg nachfolgen, den er uns gezeigt hat, den er uns gelehrt hat. Das ist schön: Er lässt uns nie allein, niemals. Er ist immer bei uns.« ...

*Dienstag, 28. Mai 2013*

Der Triumphalismus der Christen ist jener, der eine Folge des menschlichen Scheiterns, des Scheiterns des Kreuzes ist. Sich von anderen Triumphalismen, von weltlichen Triumphalismen, versuchen zu lassen, heißt der Versuchung nachgeben, ein »Christentum ohne Kreuz«, ein »halbes Christentum« zu entwerfen. Im Mittelpunkt der Reflexionen, die Papst Franziskus bei der Frühmesse anstellte, die er am Mittwoch, 29. Mai, in der Kapelle der »Domus Sanctae Marthae« feierte, stand die Demut.

Im Evangelium zum heutigen Tag (*Mk* 10, 32–45) ist der Weg nach Jerusalem beschrieben, den Jesus mit seinen Jüngern geht. »Sie waren auf der Straße, die nach Jerusalem hoch führte«, erläuterte der Papst, »und Jesus ging vorne. Mit entschiedenem Schritt. Wir können auch denken, dass er es eilig hatte.« Der Heilige Vater, der beim Thema der Gefühle verweilte, die sich in jenem Augenblick im Herzen der »bestürzten« und »verängstigten« Jünger rührten, wollte das Verhalten des Herrn hervorheben, der ihnen die Wahrheit enthüllt: »Wir gehen jetzt nach Jerusalem hinauf; dort wird der Menschensohn den Hohenpriestern und den Schriftgelehrten ausgeliefert; sie werden ihn zum Tod verurteilen« und töten.

»Aber nach drei Tagen wird er auferstehen.« Jesus »sagt die Wahrheit« und zeigt ihnen den Weg, der »am dritten Tag« endet. Trotz der Worte Christi denken die Jünger, dass es besser sei, anzuhalten. Und der Papst wies darauf hin, dass sie sogleich anfangen, untereinander darüber zu streiten, »wie man die Kirche einrichten könne«. Ja, Jakobus und Johannes »gingen hin zu Jesus, um ihn um das Amt des Regierungschefs zu bitten«. Aber auch die anderen »diskutierten und fragten sich, wer von ihnen wohl der Wichtigste« in dieser Kirche sein werde, die sie einrichten wollten. Christus, so bemerkte der Papst, hatte die Erfüllung seiner Sendung vor sich, während seine Jünger anhielten, um »über ein anderes Vorhaben, einen anderen Gesichtspunkt der Kirche« zu streiten.

Auf diese Weise sind sie derselben Versuchung ausgesetzt, die Jesus in der Wüste erfahren hatte, »als der Teufel zu ihm gekommen war, um ihm einen anderen Weg vorzuschlagen«, und ihn dazu herausgefordert hatte, »ein Wunder« zu vollbringen, so erinnerte der Papst, »etwas, um das alle baten«. Wie sich vom Tempel stürzen und es unversehrt überleben, so dass jedermann das Wunder sehen und erlöst werden könne.

Jesus, so fügte er hinzu, wurde auch durch Petrus dieser Versuchung ausgesetzt, als er vom Kreuz sprach: daran erinnerte der Bischof von Rom. Der Apostel flehte ihn an, darauf zu verzichten, nachdem er ihm wiederholt hatte: »Du bist der Sohn Gottes.«

»Und Jesus sagte zu ihm: Satan! Und widerstand der Versuchung.« Heute, betonte der Papst, besteht die Gefahr darin, der »Versuchung eines Christentums ohne Kreuz« zu erliegen. »Eines Christentums, das auf halbem Wege stehen bleibt. Das ist eine Versuchung.« Aber es gibt auch noch eine weitere Versuchung, ergänzte der Papst: »diejenige eines Christentums mit dem Kreuz, aber ohne Jesus«, über die er, wie er sagte, vielleicht ein andermal sprechen wird. Und indem er das Predigtthema noch weiter ausführte, erklärte der Papst, dass es sich dabei um die »Versuchung des Triumphalismus« handle. »Wir wollen den Triumph jetzt«, sagte er, »ohne ans Kreuz geschlagen zu werden. Einen weltlichen Triumph, einen vernünftigen Triumph«.

Er zitierte, um ein Beispiel anzuführen, die biblische Geschichte, in der berichtet wird, wie der Teufel, nach der Provokation, sich vom Tempel zu stürzen, Jesus einen Pakt vorschlägt: »Bete mich an, so will ich dir alles geben.« Und der Papst machte darauf aufmerksam, dass »er das deshalb tat, damit er nicht das tun könne, was der Vater von Jesus wollte«.

»Der Triumphalismus in der Kirche bringt die Kirche zum Stillstand«, fuhr der Papst fort. »Der Triumphalismus von uns Christen blockiert die Christen. Eine triumphalistische Kirche ist eine Kirche, die auf halbem Wege stehen bleibt.« Eine Kirche, die sich damit begnügt, »gut eingerichtet zu sein, mit allen erforderlichen Büros, alles in schöner Ordnung, alles schön, effizient«, die aber die Märtyrer verleugnet, wäre »eine Kirche, die ausschließlich an die Triumphe, an die Erfolge denkt; eine Kirche, die sich nicht jene Regel Jesu zu eigen gemacht hat: die Regel des Triumphs, der auf dem Weg über das Scheitern erfolgt. Das menschliche Scheitern, das Scheitern des Kreuzes. Und das ist eine Versuchung, der wir alle ausgesetzt sind.«

Und in diesem Kontext erinnerte sich der Papst an eine Begebenheit aus seinem Leben: »Ich habe einmal einen dunklen Augenblick meines spirituellen Lebens durchlebt und habe den Herrn um eine Gnade gebeten. Ich ging dann zu Schwestern, um ihnen Exerzitien zu predigen, und am letzten Tag haben sie gebeichtet. Da kam eine alte, über 80-jährige Schwester, die ganz klare, ja richtig leuchtende Augen hatte, um zu beichten. Sie war eine Frau Gottes. Dann am Ende habe ich in ihr so sehr eine Frau Gottes gesehen, dass ich zu ihr gesagt habe: ›Schwester, als Buße beten Sie für mich, weil ich einer Gnade bedarf, ja? Wenn Sie den Herrn darum bitten, wird er sie mir sicher gewähren.‹ Sie hat einen Augenblick lang innegehalten, als ob sie bete, und hat dann zu mir gesagt: ›Gewiss wird Ihnen der Herr die Gnade gewähren, aber täuschen Sie sich nicht: Er wird es auf seine göttliche Weise tun.‹ Das hat mir sehr gutgetan: zu hören, dass der Herr uns immer das gewährt, worum wir ihn bitten, aber dass er es auf seine göttliche Weise tut.« Diese seine Weise, erläuterte der Papst, »schließt das Kreuz mit ein. Nicht aus Masochismus, nein, nein: aus Liebe, aus Liebe bis zur Vollendung.«

Am Ende der Predigt forderte der Heilige Vater alle Anwesenden dazu auf, den Herrn um »die Gnade zu bitten, keine Kirche zu sein, die auf halbem Wege stehen bleibt, keine triumphalistische Kirche, keine Kirche der großen Erfolge«. »Wenn die Kirche demütig ist«, sagte er, »dann geht sie entschieden weiter wie Jesus, sie geht vorwärts, vorwärts, vorwärts!« …

*Mittwoch, 29. Mai 2013*

### Ein Leben »im Keller des Daseins«

Papst Franziskus hat während der Frühmesse, die er am 5. Juni in der Kapelle der »Domus Sanctae Marthae« gefeiert hat, für die Menschen gebetet, die »im Keller des Daseins« leben, in »Grenzsituationen«, und die alle Hoffnung verloren haben. …

Die Einladung, an die vielen Menschen zu denken, die sich in Situationen der Verlassenheit und des »existenziellen Leidens« befinden, wurde angeregt durch die Schriftlesungen zum Tage. In der ersten, die dem *Buch Tobit* entnommen war (3,1–11;

16–17), identifizierte der Papst in den Erfahrungen des Tobit und der Sara die Geschichten zweier Menschen, die litten, die am Rande der Verzweiflung waren, auf Messers Schneide zwischen Leben und Tod. Beide sind auf der Suche nach »einem Ausweg«, den sie darin finden, zu klagen. »Sie fluchen nicht, aber sie klagen«, präzisierte der Papst.

»Sich vor Gott beklagen, ist keine Sünde«, bekräftigte er. Und gleich darauf erzählte er: »Ein mir bekannter Priester hat einmal zu einer Frau, die sich bei Gott über das ihr widerfahrene Unglück beklagte, gesagt: Aber gute Frau, das ist ja eine Form des Gebets, machen Sie ruhig weiter. Der Herr hört unsere Beschwerden, er erhört sie.« Der Papst erinnerte in diesem Kontext auch an die Beispiele des Ijob und des Jeremia, die sich, wie er bemerkte, »auch mit einer Verwünschung beschweren, die aber nicht dem Herrn, sondern jener Situation gilt.« Überdies, fügte er noch hinzu, sei das Klagen nur »allzu menschlich«, auch deswegen, weil »sich zahlreiche Menschen in diesem Zustand existenziellen Leidens befinden.« Und in einer Anspielung auf das Foto eines unterernährten Kindes, das gestern Nachmittag auf der Titelseite des »Osservatore Romano« veröffentlicht wurde, fragte er: »Wie viele derartige Kinder gibt es? Denken wir etwa an Syrien, an die Flüchtlinge, an sie alle?« Und »denken wir auch an die Krankenhäuser: wie viele Menschen, die im Endstadium ihrer Krankheit sind, leiden?« Papst Franziskus beantwortete diese Frage mit einem Hinweis auf die dritte Person, die Gegenstand der heutigen Schriftlesung war: die Frau, die in der Bibel erwähnt wird (*Mk* 12,18–27). Die Sadduzäer stellten sie, als sie sich an Jesus wandten, »wie einen Laborfall vor, alles ganz aseptisch, als einen Fall der Moral«. Dagegen sollen wir, »wenn wir über diese Menschen sprechen, die sich in Grenzsituationen befinden«, das mit dem Herzen tun, »ihnen mit dem Herzen nahe sein«, wir sollen »an diese Menschen, die sehr leiden, mit unserem Herzen, mit unserem Fleisch« denken. Und er sagte, dass er es überhaupt nicht möge, »wenn man über diese Situationen in rein akademischer und nicht menschlicher Manier« spreche und sich vielleicht gar nur auf Statistiken beziehe. »Innerhalb der Kirche gibt es viele Menschen in dieser Lage«, und der Papst antwortet denen, die danach fragen, was man da tun könne, »mit der Antwort, die Jesus gibt: beten, für sie beten.« Er erläuterte: Die leidenden Menschen »müssen in mein Herz eingelassen werden, sie müssen mich unruhig werden lassen. Mein Bruder leidet, meine Schwester leidet; da liegt das Geheimnis der Gemeinschaft der Heiligen. Zu beten: Herr, schau auf diesen Menschen, er weint, er leidet. Beten – gestattet mir, dass ich das so sage – mit unserem Fleisch.« Also mit unserem Fleisch beten, »nicht mit den Ideen, sondern mit dem Herzen beten«.

Schließlich unterstrich der Papst, dass in der ersten Schriftlesung zum Tage »ein kleines Wort« stehe, »das die Tore der Hoffnung aufstoße« und das beim Beten behilflich sein könne. Es handle sich dabei um die Formulierung »im selben Augenblick«: als Tobit betete, betete »im selben Augenblick« auch Sara; und »im selben Augenblick« sei beider Gebet in die Herrlichkeit Gottes vorgedrungen. Der Papst sagte: »Das Gebet kommt immer vor die Herrlichkeit Gottes. Immer, wenn es nur ein Gebet des Herzens ist.« Wenn man die Situationen des Leidens hingegen nur »als einen moralischen Fall« betrachte, dann »dringt es nicht zu ihm durch, weil es dann nie aus uns heraus kann, weil es uns nicht interessiert, ein intellektuelles Spiel ist.«

Daher die Aufforderung, an die Menschen zu denken, die leiden. Das ist ein Zustand, den Jesus sehr gut kennt, bis hin zur äußersten Extremsituation des Verlassenseins am Kreuz. Papst Franziskus schloss: »Reden wir heute in der Messe mit Jesus über all diese Brüder und Schwestern, die so leiden, die sich in dieser Lage befinden. Damit unser Gebet an sein Ohr dringe und ein bisschen Hoffnung darstelle für uns alle.«

*Mittwoch, 5. Juni 2013*

Bei der Frühmesse am Donnerstag, 6. Juni, in der Kapelle der »Domus Sanctae Marthae« lud Papst Franziskus dazu ein, »die in den unzähligen Mäandern unserer Persönlichkeit verborgenen Götzen zu entdecken« und »den Götzen der Weltlichkeit auszutreiben, der uns dazu bringt, Feinde Gottes zu werden«. ... Die Aufforderung, »die Straße der Gottesliebe einzuschlagen«, sich »auf den Weg zu machen«, um in sein Reich zu kommen, war die Krönung einer Reflexion, die auf jene Passage aus dem *Markusevangelium* (12,28–34) einging, in der Jesus dem Schriftgelehrten antwortet, der ihn darüber befragt, welches das wichtigste aller Gebote sei.

Die erste Anmerkung des Papstes lautete, dass Jesus nicht mit einer Erläuterung antworte, sondern das Wort Gottes zitiere: »Höre, Israel, der Herr, unser Gott, ist der einzige Herr.« Das, so sagte er, »sind keine Worte Jesu«. In der Tat spricht er zu dem Schriftgelehrten so, wie er es mit Satan getan hatte, als dieser ihn versuchte, »in den Worten Gottes, nicht mit seinen eigenen Worten«. Und er tut dies, indem er sich »des Glaubensbekenntnisses Israels [bedient], das die Juden jeden Tag, und mehrfach am Tag, sprechen: Shemà Israel! Erinnere dich, Israel, dass du einzig Gott lieben sollst.«

Hierzu offenbarte der Papst, dass der fragliche Schriftgelehrte seines Erachtens wohl »kein Heiliger war und Jesus ein wenig auf die Probe stellen oder ihn vielleicht sogar in eine Falle locken wollte«. Kurz, seine Absichten waren keineswegs lauter, denn »wenn Jesus antwortet, indem er Gottes Wort zitiert«, dann heiße das, dass es sich um eine Versuchung handelt. »Und das kann man auch der Tatsache entnehmen, dass der Schriftgelehrte, als er zu ihm sagt: ›Sehr gut, Meister! Ganz richtig hast du gesagt‹, den Eindruck zu vermitteln sucht, dass er die Antwort billige.« Deshalb antworte ihm Jesus: »Du bist nicht fern vom Reich Gottes. Du kennst die Theorie sehr gut, du weißt genau, dass es so ist, aber du bist nicht fern. Aber etwas fehlt dir noch, um im Reich Gottes anzukommen.« Das bedeute, dass man »einen Weg einschlagen muss, um zum Reich Gottes zu kommen«; dazu müsse man »dieses Gebot in die Tat umsetzen«.

Folglich »erfolgt das Bekenntnis zu Gott im Leben, auf dem Lebensweg; es genügt nicht«, so warnte der Papst, »zu sagen: ich glaube an Gott, den einzigen Herrn«; sondern man müsse sich fragen, wie man dieses Gebot lebe. In Wirklichkeit fahre man oft fort, »so zu leben, als sei er nicht der einzige Gott«, und als ob wir »noch andere Gottheiten zur Verfügung hätten«. Das ist es, was Papst Franziskus als »die Gefahr des Götzendienstes« definiert, den »der

Geist der Welt uns bringt«. Und Jesus habe diesbezüglich immer ganz klare Worte gesagt: »Nein zum Geist der Welt.« Bis an den Punkt, dass er beim Letzten Abendmahl »den Vater darum bittet, uns vor dem Geist der Welt zu beschützen, weil dieser uns zum Götzendienst verführt«. Auch der Apostel Jakobus habe im vierten Kapitel seines Briefes ganz klare Vorstellungen hierzu: Wer ein Freund der Welt ist, ist ein Feind Gottes. Es gibt keine andere Alternative. Der Heilige Vater erinnerte daran, dass Jesus selbst ganz ähnliche Worte gebraucht habe: »Entweder Gott oder das Geld; ihr könnt nicht beiden dienen, Gott und dem Geld.«

Papst Franziskus zufolge ist es der Geist der Welt, der uns zum Götzendienst verführt, und er fange dies schlau an. »Ich bin mir sicher«, sagte er, »dass keiner von uns sich vor einen Baum stellt, um ihn als Götzen anzubeten«; dass »niemand von uns Statuen zuhause hat, die er anbetet«. Aber er warnte davor, dass »der Götzendienst eine subtile Angelegenheit sei; wir haben unsere verborgenen Götzen, und der Lebensweg, den wir zurücklegen, um zum Reich Gottes zu kommen, um in dessen Nähe zu kommen, ist ein Weg, auf dem wir die verborgenen Götzen entdecken müssen.« Und das sei eine anspruchsvolle Aufgabe angesichts der Tatsache, dass wir sie oft »gut versteckt« haben. Wie es Rahel getan habe, als sie mit ihrem Mann Jakob aus dem

Haus ihres Vaters Laban geflohen sei und die Götzenbilder, die sie ihm entwendet hatte, unter der Satteltasche versteckt hatte, auf der sie saß. Sodass sie, als der Vater sie dazu aufforderte, aufzustehen, »mit Ausflüchten, mit Argumentationen« antwortete, um die Götzen versteckt zu halten.

Nach Ansicht des Papstes tun wir dasselbe, wir haben unsere Götzen »in unseren Satteltaschen verborgen«. Deshalb »müssen wir sie suchen und zerstören, so wie Moses das goldene Götzenbild in der Wüste zerstört hat«. Aber wie stellt man es an, diese Götzenbilder zu entlarven? Der Heilige Vater bot ein Bewertungskriterium an: Götzenbilder sind diejenigen, die uns dazu verleiten, das Gegenteil dieses Gebots zu tun: »Höre, Israel, der Herr, unser Gott, ist der einzige Herr.« Deshalb sei »der Weg der Liebe zu Gott – du sollst den Herrn, deinen Gott, lieben mit ganzem Herzen und ganzer Seele – ein Weg der Liebe; er ist ein Weg der Treue«. Bis zu dem Punkt, dass »der Herr diesen Weg mit der ehelichen Liebe vergleicht. Der Herr nennt seine Kirche seine Braut; er nennt unsere Seele Braut.« Das heißt, er spricht über »eine Liebe, die sehr der ehelichen Liebe gleicht, der Liebe zur Treue«. Und gerade die Letztere verlange von uns, »die Götzen zu verjagen, sie zu entdecken«, da sie gut »versteckt sind in unserer Persönlichkeit, in unserer Art, zu leben«, und die uns in der Liebe untreu werden lassen. Tatsächlich ist es kein Zufall, dass der Apostel Jakobus, als er warnt: »Wer ein Freund der Welt ist, ist ein Feind Gottes«, uns zu tadeln beginnt und den Begriff »Ehebrecher« gebraucht, denn »wer ein Freund der Welt ist, ist ein Götzendiener und wird der Liebe zu Gott untreu«.

Folglich schlage Jesus einen »Weg der Treue« vor, um einen Ausdruck zu gebrauchen, der sich in einem der Briefe des Apostels Paulus an Timotheus finde: »Auch wenn du dem Herrn nicht treu bist, so bleibt er doch treu, da er sich selbst nicht verleugnen kann. Er ist die höchste Treue. Er kann nicht untreu sein. Groß ist seine Liebe zu uns.« Wir hingegen, »mit unseren kleinen oder nicht ganz so kleinen Götzen, die wir haben, mit unserer Liebe zum Geist der Welt«, können untreu werden. Die Treue ist das Wesen Gottes, der uns liebt. Davon leitet sich die abschließende Einladung her, folgendermaßen zu beten: »Herr, du bist sehr gut, lehre mich diesen Weg, damit ich jeden Tag weniger fern sein möge vom Reich Gottes; diesen Weg, um alle Götzen zu verjagen. Das ist schwer«, gab der Papst zu, »aber wir müssen damit beginnen.«

*Donnerstag, 6. Juni 2013*

Die »Wissenschaft der Liebkosung« bringt die beiden Pfeiler der Liebe zum Ausdruck: die Nähe und die Zärtlichkeit. Und »Jesus kennt diese Wissenschaft bestens«. Das sagte Papst Franziskus, als er am Freitag, 7. Juni, in der Kapelle der »Domus Sanctae Marthae« die Messe zum Hochfest des Heiligsten Herzens Jesu feierte. …

Unter Bezug auf die Lesungen zum Tage, die aus dem *Buch des Propheten Ezechiel* (34,11–16), aus dem *Römerbrief* (5,5–11) und aus dem *Lukasevangelium* (15,3–7) entnommen waren, definierte der Papst das Hochfest des Heiligsten Herzens Jesu als das »Fest der Liebe«: »Jesus wollte uns sein Herz zeigen, als ein Herz, das viel geliebt hat. Deshalb begehen wir heute diesen Gedenktag. Vor allem an die Liebe Gottes. Gott hat uns geliebt, er hat uns sehr geliebt. Ich denke an das, was der hl. Ignatius uns sagte, was er zu uns sagte. Er hat uns zwei Kriterien für die Liebe aufgezeigt. Erstens: Die Liebe erweist sich mehr in den Werken als in den Worten. Zweitens: Die Liebe besteht mehr im Geben als im Nehmen.« Das sind die beiden Kriterien, über die uns »Paulus in der zweiten Schriftlesung sagt: ›Christus ist schon zu der Zeit, da wir noch schwach und gottlos waren, für uns gestorben.‹ Jesus hat uns nicht durch Worte, sondern durch Werke geliebt, mit seinem Leben. Er hat uns gegeben, er hat geschenkt, ohne irgendetwas von uns dafür zu erhalten. Diese beiden Kriterien sind so etwas wie die beiden Pfeiler der wahren Liebe: die Werke und das Sich-selbst-Schenken.« Indem er den Sinn dieser beiden Kriterien erläuterte, merkte der Heilige Vater an, dass das Sich-selbst-Schenken Jesu in der Gestalt des barmherzigen Samariters gut wiedergegeben ist. Er sagte: »Heute zeigt uns die Liturgie die Liebe Gottes in der Gestalt des Hirten. Im Wechsel-Psalm haben wir diesen schönen Psalm gebetet [23]: ›Der Herr ist mein Hirte.‹ Der Herr zeigt sich seinem Volk auch als Hirte.« »Aber«, so fragte sich der Papst, »wie übt der Herr sein Hirtenamt aus?« Und er führte aus: »Der Herr sagt vieles zu uns, aber ich werde mich hier nur auf zwei Ausführungen beschränken. Die Erste steht im *Buch des Propheten Ezechiel:* ›Jetzt will ich meine Schafe selber suchen und mich selber um sie kümmern.‹ Sich um sie kümmern will sagen, dass er alle kennt, und zwar bei ihrem Namen. Sich um jemanden kümmern. Und Jesus sagt dasselbe: Ich kenne meine Lämmer. Dieses Jedes-Einzelne-Kennen, bei ihren Namen. Genau so kennt uns Gott: Er kennt uns nicht als Gruppe, sondern jeden Einzelnen. Denn«, so erklärte der Bischof von Rom weiter, »die Liebe ist keine abstrakte Liebe oder eine allgemeine Liebe, die allen allgemein gilt; es ist eine Liebe zu jedem Einzelnen. So liebt uns Gott.«

All dies übersetzt sich dann in Nähe: »Gott«, so bemerkte der Papst, »ist uns nahe gekommen. Erinnern wir uns an jene schöne Stelle im *Deuteronomium,* an jenen liebevollen Tadel: Welches Volk hat einen Gott gehabt, der ihm so nah war wie euch?« Einen Gott, »der uns aus Liebe nahe gekommen ist und der mit seinem Volk geht. Und dieses Gehen gelangt zu einem ganz unvorstellbaren Punkt: Man hätte sich nie vorstellen können, dass der Herr selbst einer von uns wird und mit uns geht und bei uns bleibt, in seiner Kirche bleibt, in der Eucharistie bleibt, in seinem Wort bleibt, in den Armen bleibt und auf dem Weg bei uns bleibt. Das ist die Nähe. Der Hirte nahe bei seiner Herde, bei seinen Lämmlein, von denen er jedes einzelne kennt.« Indem er sich anschließend mit dem anderen Aspekt der Liebe Gottes auseinandersetzte, bemerkte der Papst, dass sowohl »der Prophet Ezechiel, aber auch das Evangelium« über diesen sprechen: »Ich gehe auf die Suche nach dem verlorenen Schaf und werde es zur Herde zurückbringen, ich werde das verwundete Schaf verbinden und das kranke heilen, ich werde mich um das fette und um das starke Schaf kümmern, ich werde sie mit Gerechtigkeit, mit Zärtlichkeit weiden. Der Herr liebt uns mit Zärtlichkeit. Der Herr kennt diese schöne Wissenschaft der Liebkosungen. Die Zärtlichkeit Gottes: Er liebt uns nicht bloß in Worten – er nähert sich, und gibt uns dadurch, dass er uns nahe ist, mit aller erdenklichen Zärtlichkeit seine Liebe.« Nähe und Zärtlichkeit sind folglich »die beiden Ausdrucksformen der Liebe des Herrn, der uns nahe kommt und uns all seine Liebe selbst in den kleinsten Dingen mit Zärtlichkeit gibt.« Trotzdem handelt es sich um »eine starke Liebe. Denn Nähe und Zärtlichkeit lassen uns die Stärke der Liebe Gottes sehen.«

»Auch unsere Liebe – das sagt uns der Herr: Liebt einander, wie ich euch geliebt habe – muss dem Nächsten nahe kommen und zärtlich sein wie diejenige des barmherzigen Samariters oder diejenige in dem Gleichnis, das uns die Kirche heute im Evangelium vorgestellt hat«, fügte der Papst hinzu. Aber wie können wir dem Herrn »so viel schöne Dinge, so viel Liebe, diese Nähe, diese Zärtlichkeit« zurückgeben? Gewiss, sagte der Papst, »wir können sagen: Ja, indem wir ihn lieben, ihm nahe sind, zärtlich sind wie er. Ja, das ist wahr, aber das ist nicht der wichtigste Punkt. Das mag sich zwar wie eine Häresie anhören, aber es ist die größte Wahrheit von allen: Es ist viel schwieriger, sich von Gott lieben zu lassen, als ihn zu lieben! Das ist die Weise, auf die man ihm all diese Liebe zurückerstatten kann: unser Herz öffnen und uns lieben lassen. Zulassen, dass er uns nahe ist, und seine Nähe spüren. Zulassen, dass er zärtlich ist, dass er uns streichelt.« Das, so schloss Papst Franziskus, »ist sehr schwierig: sich von ihm lieben lassen. Und vielleicht ist es das, worum wir heute in der Messe bitten müssen: Herr, ich möchte dich lieben, aber lehre mich die schwierige Wissenschaft, die schwierige Gewohnheit, mich von dir lieben zu lassen, dich nahe zu spüren und deine Zärtlichkeit zu spüren.«

*Freitag, 7. Juni 2013*

## Ein offenes Herz für den Trost

Warum gibt es Menschen, deren Herz für das Heil verschlossen ist? Diese Frage stand im Mittelpunkt der Predigt des Papstes am 10. Juni, die er während der Messe in der »Domus Sanctae Marthae« hielt. ... Papst Franziskus erklärte, dass diese Frage eine Antwort und Erklärung in der Angst fände, denn das Heil mache uns Angst. Es sei eine Anziehung, die die verborgensten Ängste unseres Herzens ans Licht bringe. »Wir brauchen« das Heil, aber zugleich »haben wir Angst« davor, denn, so der Heilige Vater, »wenn der Herr kommt, um uns zu retten, dann müssen wir alles geben«, und dann »ist er es, der das Sagen hat; und davor haben wir Angst. Denn die Menschen wollten »kommandieren«, sie wollten »die Herren« ihrer selbst sein. Und so könne »das Heil, die Tröstung des Heiligen Geistes nicht kommen«. Der Abschnitt aus dem *Matthäusevangelium*

(5,1–12) über die Seligpreisungen gab dem Papst Gelegenheit, über die Beziehung zwischen Heil und Freiheit nachzudenken. Nur das Heil, das mit der Tröstung des Geistes zu uns komme, mache uns frei: »Die Freiheit, die aus dem Heiligen Geist kommt, ist es, die uns rettet, tröstet, Leben schenkt.« Aber um die Seligpreisungen ganz zu verstehen und zu begreifen, was es heißt, »arm, sanftmütig, barmherzig« zu sein – alles Dinge, die uns »nicht zum Erfolg zu führen scheinen« –, müsse man ein »offenes Herz« bewahren und »die Tröstung des Heiligen Geistes, die das Heil ist, tief gespürt haben«.

Zudem seien die Seligpreisungen das »Gesetz derer, die gerettet sind« und die ihr Herz dem Heil geöffnet hätten. »Das ist das Gesetz der freien Menschen, mit jener Freiheit des Heiligen Geistes«, fügte er hinzu. Wir können »unser Leben regeln, es in eine Ordnung bringen, die sich auf eine Liste von Geboten oder Vorgehensweisen stützt«, aber das sei eine rein menschliche Angelegenheit, warnte Papst Franziskus. »Das ist etwas Begrenztes, das uns nicht zum Heil führt«, denn das könne nur »ein offenes Herz«. Diesbezüglich berichte das Evangelium, dass Jesus, als er die Menge sah, auf einen Berg gestiegen sei. »In der Menge waren sehr viele, die das Heil brauchten. Es war das Volk Gottes, das zuerst Johannes dem Täufer gefolgt ist, und dann dem Herrn«, gerade weil es das Heil gebraucht habe. Aber da seien auch andere gewesen, die »dorthin gegangen sind, um diese neue Lehre zu prüfen und dann mit Jesus zu streiten. Sie hatten kein offenes Herz, sie hatten ein Herz, das in ihren eigenen Angelegenheiten verschlossen war.« Sie hätten sich gefragt, was Jesus ändern wolle, doch »da sie ein verschlossenes Herz hatten, konnte der Herr es nicht ändern«; und leider »war ihr Herz verschlossen«. Daher forderte der Papst auf, den Herrn um die Gnade zu bitten, »ihm zu folgen«; aber nicht mit der Freiheit der Pharisäer und Sadduzäer, die heuchlerisch geworden seien, weil sie »ihm nur mit der menschlichen Freiheit folgen wollten«.

Scheinheiligkeit sei genau dies: »Nicht zuzulassen, dass der Heilige Geist das Herz mit seinem Heil ändere. Die Freiheit, die uns der Geist gibt, ist auch eine Art Knechtschaft, eine Knechtschaft gegenüber dem Herrn, der uns frei macht. Das ist eine andere Freiheit.« Unsere eigene Freiheit dagegen sei eine »Knechtschaft: nicht gegenüber dem Herrn, sondern gegenüber dem Geist der Welt«. So bat der Papst um die Gnade, »unser Herz der Tröstung des Heiligen Geistes zu öffnen, damit diese Tröstung, die das Heil ist, uns die neuen Gebote des Evangeliums der Seligpreisungen gut verstehen lässt«. Nicht umsonst spreche am Beginn des *Zweiten Korintherbriefes* (1,1–7) der hl. Paulus in den Tageslesungen insgesamt neun Mal vom »Trost«.

Das scheine ein wenig übertrieben, kommentierte Franziskus. Angesichts der Tatsache, dass Paulus »sieben Verse benötigt, um dieses Wort – Trost – zu sagen«, fragte der Papst: »Warum betont er das immer wieder? Was ist dieser Trost?« Der *Apostelbrief* sei an Christen gerichtet, die noch »neu im Glauben« seien, die erst vor kurzem »den Weg Jesu« begonnen hätten. Paulus »unterstreicht dies. Auf dem Weg Jesu schenkt der Vater Trost.« Diese Christen seien nicht alle verfolgt worden. »Es waren normale Menschen, die ihre Familie hatten, ihre Arbeit, die aber Jesus gefunden hatten. Und das war eine so große Änderung des Lebens, dass es einer ganz besonderen Kraft Gottes bedurfte: des Heiligen Geistes; und diese Kraft ist der Trost.« »Was bedeutet Trost?«, fragte Franziskus. Für ihn sei es »die Gegenwart Gottes in unserem Herzen.

Aber damit der Herr in unserem Herzen sein kann, ist es notwendig, die Tür zu öffnen.« Die Bekehrung jener Heiden, an die Paulus schreibt, habe gerade darin bestanden, »dem Herrn die Tür zu öffnen«. Und daher sei ihnen »der Trost des Heiligen Geistes« zuteilgeworden. Das Heil bestehe in der Tat darin, »im Trost des Heiligen Geistes zu leben, nicht im Trost des Geistes der Welt. Das ist kein Heil, das ist Sünde.« Im Gegenteil dazu sei das Heil, »voranzugehen und das Herz zu öffnen, damit diese Tröstung des Heiligen Geistes kommt«.

Der Mensch laufe oft Gefahr, »verhandeln« zu wollen, das zu nehmen, was uns bequem erscheine, »ein bisschen hier, ein bisschen dort«. Das sei »wie ein Obstsalat: ein bisschen Heiliger Geist und ein bisschen Geist der Welt«. Aber mit Gott gebe es keine halben Sachen: Man müsse entweder das eine oder das andere wählen. Und das sage uns der Herr ganz klar: »Man kann nicht zwei Herren dienen. Entweder dient man dem Herrn oder man dient dem Geist der Welt. Man kann nicht alles vermischen.« Dieses neue Gesetz, das »der Herr uns bringt, diese neuen Seligpreisungen versteht man nur, wenn man ein offenes Herz hat. Man versteht sie aus dem Trost des Heiligen Geistes. Man kann sie mit der menschlichen Intelligenz oder dem Geist der Welt nicht verstehen.« Wir müssten offen sein für das Heil, andernfalls »kann man sie nicht verstehen. Es sind die neuen Gebote, aber wenn unser Herz nicht für den Heiligen Geist offen ist, dann werden sie uns als Dummheiten erscheinen.«

*Montag, 10. Juni 2013*


## Die Zeichen der Unentgeltlichkeit

Armut und Lob Gottes: das sind die beiden Haupt-Koordinaten des Auftrags der Kirche, die »Zeichen«, die dem Volk Gottes offenbaren, ob »ein

Apostel die Unentgeltlichkeit lebt«. Papst Franziskus wies darauf in der Frühmesse hin, die er am 11. Juni in der »Domus Sanctae Marthae« feierte. …

Die Reflexion des Papstes, der dazu wie üblich von den Schriftlesungen zum Tage ausging, die der *Apostelgeschichte* (11,21–26; 13,1–3) und dem *Matthäusevangelium* (10,7–13) entnommen waren, handelte vom Thema der Unentgeltlichkeit. Denn, so erklärte er, »die Verkündigung des Evangeliums ist eine Folge der Unentgeltlichkeit, des Staunens über das kommende Heil; und ich muss das, was ich unentgeltlich erhalten habe, auch unentgeltlich weitergeben«.

Wir sehen das, als Jesus seine Apostel aussendet und ihnen Instruktionen über die Sendung erteilt, die sie erwartet. Der Heilige Vater hob hervor: »Das sind ganz einfache Aufträge: ›Steckt nicht Gold, Silber und Kupfermünzen in euren Gürtel‹«; Gürtel, Vorratstasche, ein zweites Hemd, Schuhe und Wanderstab sind völlig ausreichend. Eine Heilssendung, so fügt Jesus hinzu, die darin besteht, die Kranken zu heilen, die Toten aufzuerwecken, die Leprakranken rein zu machen, die Dämonen auszutreiben.

Papst Franziskus führte aus, dass es sich um einen Auftrag handle, der dazu diene, die Menschen dem Reich Gottes anzunähern, um ihnen die frohe Botschaft zu bringen, dass das Reich Gottes nah sei, ja, dass es bereits da sei. Aber, so warnte er unverzüglich, der Herr wolle, dass die Apostel »einfachen« Herzens und dazu bereit seien, Raum zu lassen »für die Macht des Wortes Gottes«. Im Übrigen, so merkte er an, »hätten sie vielleicht etwas anderes getan«, wenn sie kein »großes Vertrauen in das Wort Gottes gesetzt« hätten, aber dann hätten sie nicht das Evangelium verkündigt.

Die Schlüsselworte des Auftrags Christi an die Seinen seien eben gerade: »Umsonst habt ihr empfangen, umsonst sollt ihr geben« (*Mt* 10,8): Worte, in denen die ganze »Unentgeltlichkeit des Heils« enthalten sei. Denn, so verdeutlichte der Papst, »wir können nicht das Reich Gottes predigen und verkündigen ohne diese innere Gewissheit, dass alles unentgeltlich ist, dass alles Gnade ist«. Es ist so, wie der hl. Augustinus bekräftigte: »*Quaere causam et non invenies nisi gratiam*«. Und wenn wir handeln, ohne der Gnade ihren Raum zu geben, so bekräftigte der Papst, dann »bleibt das Evangelium unwirksam«.

Im Übrigen bezeugten verschiedene Episoden aus dem Leben der ersten Apostel, dass die Verkündung des Evangeliums aus der Unentgeltlichkeit entstanden sei. »Der hl. Petrus«, so erinnerte der Heilige Vater, »hatte kein Bankkonto, und als er seine Steuern zahlen musste, schickte ihn der Herr ans Meer, um zu fischen, damit er im Bauch des Fisches das Geld finde, mit dem er zahlen konnte«. Und als Philippus den Minister der Königin Kandake traf, habe er nicht daran gedacht, eine »Organisation zu gründen, um das Evangelium zu unterstützen«, er habe nicht verhandelt; im Gegenteil habe er »verkündet, getauft und ging weiter«. Die Frohe Botschaft breite sich folglich dadurch aus, dass das Wort Gottes »ausgesät« werde. Jesus selbst sage dies: »Das Reich Gottes ist wie der Same, den Gott schenkt. Es ist ein unentgeltliches Geschenk.«

Seit den Anfängen der christlichen Gemeinde habe die »Versuchung bestanden, Kraft anderswo zu suchen, nicht in der Unentgeltlichkeit«. Aber unsere einzige »Stärke ist die Unentgeltlichkeit des Evangeliums«, wiederholte der Heilige Vater und warnte vor allem vor der Gefahr, dass die Verkündigung sich wie Proselytenmacherei ausnehmen könne: »Auf diesem Weg kommt man nirgends hin.«

Und in diesem Kontext zitierte er dann seinen Vorgänger Benedikt XVI., demzufolge »die Kirche nicht durch Proselytenmacherei« wachse, sondern »durch Anziehung«. Denn, so ergänzte Papst Franziskus, »der Herr hat uns ausgesandt, um zu verkündigen, nicht um Proselyten zu machen«. Und die Anziehungskraft müsse aus dem Zeugnis derer kommen, die die Unentgeltlichkeit der Erlösung predigen. »Alles ist Gnade«, wiederholte er. Und er erkannte unter den vielen Anzeichen für diese Unentgeltlichkeit vor allem die Armut und das Lob Gottes.

Was das Erste anbelangt, so erläuterte er, dass die Verkündigung des Evangeliums über den Weg der Armut erfolgen müsse, durch das vorgelebte Zeugnis dieser Armut. »Ich habe keine Reichtümer, mein einziger Reichtum ist die Gabe, die mir Gott gegeben hat. Diese Unentgeltlichkeit ist unser Reichtum.« Und dies sei eine Armut, die »uns davor rettet, Organisatoren, ja Unternehmer zu werden«. Der Papst ist sich dessen bewusst, dass »man die Werke der Kirche voranbringen« müsse und dass »einige davon komplexer Natur« seien, aber man müsse dies »mit einem in der Armut verankerten Herzen, nicht einem Sinn für Investieren oder als Unternehmer« tun. Die Kirche sei keine Nichtregierungsorganisation (NGO): Sie sei etwas anderes, etwas Wichtigeres. Sie sei »entstanden aus der erhaltenen und verkündigten Unentgeltlichkeit«.

Was nun die Fähigkeit anbelangt, Gott zu loben, so machte der Heilige Vater klar, dass ein Apostel dann, wenn er nicht unentgeltlich lebe, auch die Fähigkeit verliere, den Herrn zu loben, »denn das Gotteslob ist seinem Wesen nach unentgeltlich. Es ist ein unentgeltliches Gebet. Wir bitten nicht nur, wir loben.« Andernfalls, so schloss er, »wenn wir Apostel finden, die eine reiche Kirche schaffen wollen, eine Kirche ohne die Unentgeltlichkeit des Lobes«, dann werde diese »alt, eine NGO und habe kein Leben«.

*Dienstag, 11. Juni 2013*

Der Versuchungen, denen es in diesem Augenblick
der Kirchengeschichte zu begegnen gelte, gebe es
zwei: Schritte nach hinten zu tun, weil man Angst
habe vor der Freiheit, die sich aus dem »im Heiligen
Geist vollendeten Gesetz« ableite, bzw. einem
»halbwüchsigen Fortschrittsdenken« nachzugeben,
das dazu neige, den verführerischsten Werten zu folgen, welche von der vorherrschenden Kultur sugge-
riert würden. Darüber sprach Papst Franziskus am
Mittwoch, 12. Juni, in seiner Auslegung der Schriftlesungen – aus dem *Zweiten Korintherbrief* des hl.
Paulus (3,4–11) und aus dem *Matthäusevangelium*
(5,17–19) – während der Messe in der »Domus
Sanctae Marthae«. ...

Der Papst äußerte sich als Erstes zu den Erläute-
rungen Jesu denen gegenüber, die ihn beschuldigen,
er wolle die Gesetze Mose ändern. Jesus beruhige
sie, indem er ihnen sage: »Ich bin nicht gekommen,
um das Gesetz aufzuheben, sondern um es zu erfüllen.« Denn das Gesetz, so führte der Heilige Vater
aus, »ist eine Frucht des Bundes. Man kann das
Gesetz ohne den Bund nicht verstehen. Das Gesetz
ist so etwas wie der Weg, um in den Bund einzutreten«, jenen Bund, »der an jenem Nachmittag im
irdischen Paradies mit einer Verheißung begann,
der fortgesetzt wurde mit der Arche des Noah, mit

Mose in der Wüste, und der dann weiterging als Gesetz Israels, um den Willen Gottes zu erfüllen«.

Dieses Gesetz »ist heilig«, fügte er hinzu, »denn es führte das Volk zu Gott hin«. Folglich »darf es nicht angerührt werden«. Es gab Menschen, die sagten, dass Jesus »dieses Gesetz geändert habe«; er habe aber versucht, den Menschen klar zu machen, dass es einen Weg gab, der »zum Wachstum« geführt habe, ja hin zur »vollen Reife dieses Gesetzes. Er sagte: ›Ich komme, um zu erfüllen.‹ So wie die Knospe ›aufspringt‹ und die Blume heranwächst, genauso ist die Kontinuität des Gesetzes im Hinblick auf seine Reife. Und Jesus ist der Ausdruck der Reife des Gesetzes«. Der Papst betonte daraufhin die Rolle des Heiligen Geistes bei der Übermittlung dieses Gesetzes. Denn er erläuterte: »Paulus sagt, dass wir dieses Gesetz des Geistes durch Jesus Christus erhalten haben, denn wir können nicht denken, dass etwas von uns stamme; all unsere Fähigkeiten kommen von Gott. Und das Gesetz, das Gott uns gibt, ist ein reifes Gesetz, das Gesetz der Liebe, denn wir sind in der letzten Stunde angekommen. Der Apostel Johannes sagt zu seiner Gemeinde: Brüder, wir sind in der letzten Stunde angekommen, d. h. wir haben die letzte Stunde erreicht ... In der Stunde der Erfüllung des Gesetzes. Es ist das Gesetz des Heiligen Geistes, das Gesetz, das uns frei macht.« Gleichwohl handle es sich um eine Freiheit, die in einem gewissen Sinne Angst mache.

»Denn«, so führte der Papst aus, »es kann leicht mit einer anderen Freiheit des Menschen verwechselt werden.« Und »das Gesetz des Geistes führt uns auf den Weg der unablässigen Unterscheidung, um den Willen Gottes zu tun«: Auch das erschrecke uns ein wenig. Aber, so warnt der Heilige Vater, wenn wir von dieser Angst befallen werden, dann laufen wir das Risiko, zweierlei Versuchungen zu erliegen. Die erste Anfechtung sei jene, »zurückzugehen, weil wir nicht sicher sind. Aber dadurch wird der Weg unterbrochen«. Dies sei »die Versuchung der Angst vor der Freiheit, der Angst vor dem Heiligen Geist: Der Heilige Geist macht uns Angst.«

An diesem Punkt erinnerte Papst Franziskus an eine Geschichte, die sich zu Beginn der 30er-Jahre zugetragen habe: »Ein pflichtbewusster Oberer eines Ordens brachte unzählige Jahre damit zu, alle Regeln seiner Kongregation zu sammeln: alles das, was die Ordensleute tun durften, und das, was sie nicht tun durften. Dann, als er seine Arbeit abgeschlossen hatte, ging er zu einem bedeutenden Benediktiner-Abt, der in Rom lebte, um ihm seine Arbeit vorzulegen. Der Abt schaute ihn an und sagte: Pater, mit dieser Arbeit haben Sie das Charisma Ihres Ordens getötet! Er hatte die Freiheit getötet. Denn das Charisma trägt Früchte in der Freiheit, und er hatte das Charisma blockiert. Das ist kein Leben. Diese Ordenskongregation konnte nicht weiterleben. Was ist geschehen? 25 Jahre nach jenem Meisterwerk hat niemand es je wieder gesehen, und es ist in einer Bibliothek gelandet.«

»Das ist ein Beispiel dafür, wie leicht es ist, in die Versuchung zu fallen, nach hinten zurückzugehen, um uns sicherer zu fühlen«, erläuterte der Bischof von Rom. Aber, fügte er hinzu, »die volle Sicherheit liegt im Heiligen Geist, der dich weiterbringt, der dir Vertrauen schenkt und, wie Paulus sagt, noch viel anspruchsvoller ist: Tatsächlich sagt Jesus, ›solange Himmel und Erde nicht vergangen sind, wird auch nicht der kleinste Buchstabe oder ein einziges Komma des Gesetzes vergehen, solange nicht alles geschehen ist‹. Folglich ist er anspruchsvoller, auch wenn uns das nicht jene menschliche Sicherheit gibt, da wir den Heiligen Geist nicht kontrollieren können: Das ist das Problem.«

Die zweite Versuchung sei jene, die der Papst als »halbwüchsiges Fortschrittsdenken« bezeichnet hat. Es handle sich dabei allerdings nicht um einen wahren Fortschritt: Es sei eine Kultur, die sich weiterentwickle, von der wir uns nicht zu distanzieren vermögen und von der wir die Gesetze und Werte übernähmen, die uns am besten gefielen, gerade so, wie es die Halbwüchsigen tun. Am Ende bestehe das Risiko darin, ins Laufen zu kommen und auszurutschen, »so wie ein Auto auf einer eisigen Straße ins Rutschen kommt und im Straßengraben landet«.

Dem Papst zufolge handelt es sich hierbei um eine Versuchung, die in diesem für die Kirche historischen Augenblick häufig vorkomme. »Wir können nicht zurückgehen«, sagte der Papst, »und von der Straße wegrutschen«. Der zu befolgende Weg sei dieser: »Das Gesetz ist erfüllt, in ungebrochener Kontinuität, ohne Abstriche: so wie der Same in der Blüte aufgeht und in der Frucht. Der Weg ist derjenige der Freiheit des Heiligen Geistes, der uns frei macht, in ständiger Unterscheidung des Willens Gottes, um auf diesem Weg weiterzugehen, ohne zurückzugehen« und ohne auszurutschen. »Das ist kein Aufruf dazu, wieder zu Joachim von Fiore zurückzugehen«, präzisierte Papst Franziskus. Und er schloss: »Bitten wir den Heiligen Geist, der uns das Leben gibt, dass er uns nach vorne führe, dass er uns zur vollen Reife des Gesetzes bringe, jenes Gesetzes, das uns frei macht.«

*Mittwoch, 12. Juni 2013*

## »Nichts« und »Alles« des Christen

Das *Nichts* ist Same des Krieges, immer: weil es Same des Egoismus ist. Das *Alles* dagegen, jenes große *Alles,* das ist Jesus. Auf das richtige Verständnis dieses Wortpaares sind die Sanftmut und die Großherzigkeit gegründet, die den Christen auszeichnen. Das sagte Papst Franziskus am Morgen des 17. Juni bei der Messe in der Kapelle der »Domus Sanctae Marthae«. ...

Der Papst konzentrierte sich in seinem Kommentar zu den Tageslesungen aus dem *Zweiten Korintherbrief* (6,1–10) und aus dem *Matthäusevangelium* (5,38–42) auf die Bedeutung eines »Klassikers« aus den Lehren des Evangeliums, das heißt auf den Sinn der Worte Jesu in Bezug auf die auf eine Wange erhaltene Ohrfeige, auf die der Christ damit antwortet, dass er auch die andere Wange hinhält. Etwas, das der Logik der Welt entgegengesetzt sei, nach der man auf eine Beleidigung mit einer ebensolchen Gegenreaktion antworte, denn: »Wir müssen uns verteidigen, wir müssen kämpfen, wir müssen unseren Platz verteidigen. Und wenn sie uns eine Ohrfeige geben, dann geben wir zwei zurück, so verteidigen wir uns. Das ist die Logik, das ist normal, oder?«

Aber Jesus gehe weiter und sage, dass man nach dem erhaltenen Schlag auf die Wange gemeinsam mit dem anderen innehalten, ihm Zeit widmen müsse. Und wenn er um etwas bitte, müsse man ihm noch sehr viel mehr geben. Das sei das Gesetz Jesu: »Die Gerechtigkeit, die er bringt, ist eine andere Gerechtigkeit, vollkommen anders als das *Auge um Auge, Zahn um Zahn.*« Der Heilige Vater lenkte anschließend die Aufmerksamkeit auf den Satz, mit dem Paulus den in der Liturgie verlesenen Abschnitt abschließt. Denn, so erläuterte er, »er sagt uns ein Wort, das uns vielleicht hilft, die Bedeutung des Schlages auf die Wange und noch anderes zu verstehen. Er schließt nämlich, indem er sagt: ›Wir haben nichts und haben doch alles.‹«

Und zum Nachdenken über dieses Begriffspaar lud der Bischof von Rom die Anwesenden ein: das *Nichts* und das *Alles.* Er führte dabei aus: »Das ist, so glaube ich, der Verständnisschlüssel für dieses Wort Jesu, der Schlüssel, um jene Gerechtigkeit, die Jesus von uns fordert, zu verstehen als eine höhere Gerechtigkeit als die der Schriftgelehrten und Pharisäer.« Franziskus stellte die Frage, wie man die Spannung zwischen dem *Nichts* und dem *Alles* lösen könne. Das *Alles* sei die Sicherheit der Christen: »Wir sind sicher, dass wir mit dem Heil Jesu Christi *alles* besitzen. Und Paulus war davon so überzeugt, dass er sagte: Aber für mich ist das, was zählt, Jesus Christus, das andere hat keine Bedeutung: das andere kann man meinetwegen wegwerfen. Das *Alles* ist Jesus Christus. Die anderen Dinge sind ein *Nichts* für den Christen. Für den Geist der Welt dagegen sind die Dinge *alles:* Reichtum, Eitelkeiten, die eigene Wichtigkeit«, und Jesus sei im Gegenteil das *Nichts.*

Der Papst erläuterte, dass dies auch in der Tatsache zum Ausdruck käme, dass ein Christ, wenn er um zehn gebeten werde, er »hundert geben muss«, weil für ihn Jesus Christus alles sei. Das sei »das Geheimnis der christlichen Großherzigkeit, die immer mit der Sanftmut einhergeht. Der Christ ist ein Mensch, der sein Herz weit macht, mit dieser Großherzigkeit. Er besitzt *alles*, das heißt Jesus, während die anderen Dinge ein *Nichts* sind. Sie sind gut, sie können nützlich sein, aber im Augenblick der Entscheidung wählt er immer *alles*«: Jesus.

Sanftmut und Großherzigkeit. Sicherlich sei es nicht einfach, so zu leben, gab der Papst zu, »denn man schlägt dich wirklich auf die Wange, und dazu auf beide Wangen«. Aber »der Christ ist sanftmütig, der Christ ist großherzig. Er macht sein Herz weit. Und wenn wir Christen begegnen, die ein kleines Herz haben«, dann bedeute das, dass sie »einen Egoismus« leben, »der als Christentum getarnt ist«. Im Übrigen »hat uns Jesus geraten: ›Sucht zuerst das Reich Gottes und seine Gerechtigkeit, alles Übrige wird euch dazugegeben.‹ Das Reich Gottes ist das *Alles*, der Rest ist zweitrangig, es ist nicht das Wichtigste.« Und alle Fehler der Christen, »alle Fehler der Kirche, all unsere Fehler kommen daher: wenn wir zum *Nichts* sagen, dass es das *Alles* ist, und wenn das *Alles* nicht zu zählen scheint«, warnte der Papst.

Jesus nachfolgen, so der Heilige Vater weiter, »ist nicht einfach. Es ist nicht einfach, aber es ist auch nicht schwierig, weil der Herr auf dem Weg der Liebe die Dinge so einrichtet, dass wir vorangehen können. Und der Herr selbst macht unser Herz weit.« Wenn man dagegen dazu neige, dem *Nichts* zu folgen, dann »entstehen die Auseinandersetzungen in den Familien, mit den Freunden, in der Gesellschaft und auch jene Auseinandersetzungen, die im Krieg enden«, denn »das *Nichts* ist Same des Krieges, immer: weil es Same des Egoismus ist«. Das *Alles* dagegen, »jenes große *Alles*, das ist Jesus«. Der Papst bat den Herrn um die Gnade, dass er »unser Herz weit machen möge, uns demütig, sanftmütig und großherzig sein lasse, weil wir *alles* in ihm haben«, und dass er uns davor bewahren möge, »tägliche Probleme um das *Nichts*« anzuzetteln.

*Montag, 17. Juni 2013*

### Die Säulen des christlichen Heils

Reichtümer und weltliche Sorgen lassen die Vergangenheit vergessen, machen uns in der Gegenwart verwirrt und ungewiss im Hinblick auf die Zukunft. Sie sind also dafür verantwortlich, dass wir die drei Säulen aus dem Auge verlieren, auf denen die Geschichte des christlichen Heils gründet: einen Vater, der uns in der Vergangenheit erwählt hat; der uns eine Verheißung für unsere Zukunft gegeben hat und dem wir geantwortet haben, indem wir in der Gegenwart einen Bund mit ihm geschlossen haben.

Das ist im Wesentlichen der Sinn der Reflexion, die Papst Franziskus am Samstag, 22. Juni, im Verlauf der Messe in der »Domus Sanctae Marthae« vortrug. ... Die Predigt des Papstes ging aus von einer Passage aus dem *Matthäusevangelium* (6,24–34), wo von den Empfehlungen die Rede ist, die Jesus seinen Jüngern erteilte: »Wenn er sagt ›Niemand kann zwei Herren dienen; denn er wird den einen hassen und den anderen lieben. Ihr könnt nicht beiden dienen, Gott und dem Mammon‹.

Und er fährt fort: ›Deswegen sage ich euch: Sorgt euch nicht um euer Leben und darum, dass ihr etwas zu essen habt, und dass ihr zu trinken habt‹«. »Um das zu verstehen«, sagte der Papst, »hilft uns Kap. 13 im Evangelium des hl. Matthäus, der berichtet, wie Jesus den Jüngern das Gleichnis vom Sämann erläutert. Er sagt, dass der Same in die Dornen fiel und erstickt wurde. Aber wer ist es, der ihn erstickt? Jesus sagt: ›der trügerische Reichtum und die Sorgen dieser Welt‹. Man sieht, dass Jesus hiervon eine ganz klare Vorstellung hatte.« Folglich, so betonte der Heilige Vater, seien es »die Reichtümer und Sorgen dieser Welt, die das Wort Gottes ersticken. Und es nicht wachsen lassen. Und das Wort stirbt, weil es nicht behütet, sondern erstickt wird. In diesem Fall dient man dem Reichtum oder den Sorgen der Welt, nicht aber dem Wort Gottes.«

Nachdem er darauf aufmerksam gemacht hatte, dass Jesus in den Auslegungen, die er den Jüngern gab, das zeitliche Element einführe, fragte sich der Papst: »Was bewirken der Reichtum und die Sorgen in uns?« »Sie nehmen uns ganz einfach aus der Zeit heraus«, antwortete er, um anschließend zu erläutern: »Unser ganzes Leben baut auf drei Säulen auf: eine in der Vergangenheit, eine in der Gegenwart und die letzte in der Zukunft. Und das ist in der Bibel klar: Die Säule der Vergangenheit ist identisch mit der Auserwählung.

Der Herr hat uns auserwählt. Ein jeder von uns kann sagen: ›Der Herr hat mich auserwählt, er hat mich geliebt, er hat zu mir gesagt: Komm!, und in der Taufe hat er mich dazu auserwählt, einen Weg zu gehen, den Weg des Christen.‹« Die Zukunft sei die Verheißung Jesu an die Menschen: »Er hat mich auserwählt«, erläuterte der Bischof von Rom weiter, »um einem Versprechen entgegenzugehen, er hat uns eine Verheißung gegeben.« Die Gegenwart schließlich »ist unsere Antwort an diesen so guten Gott, der mich auserwählt hat, der mir ein Versprechen gegeben hat und der mit mir einen Bund eingehen will; und ich schließe einen Bund mit ihm«.

Die Auserwählung, die Verheißung und der Bund seien folglich die drei Säulen, auf denen die Heilsgeschichte ruhe. Es könne aber bisweilen geschehen, dass »unser Herz dann, wenn es in das eintrete, was Jesus uns erläutert«, so fügte der Heilige Vater hinzu, »die Zeit durchschneidet. Es schneidet die Vergangenheit ab, es schneidet die Zukunft ab, und es verirrt sich in der Gegenwart.« Das geschehe deshalb, weil denjenigen, »der am Reichtum hängt, weder die Vergangenheit noch die Zukunft interessieren, weil er schon alles hat.

Der Mammon ist ein Götze. Er bedarf keiner Vergangenheit, keiner Verheißung, keiner Auserwählung, keiner Zukunft, er braucht nichts. Er sorgt sich nur darum, was geschehen kann«, deshalb »durchschneidet er seine Anbindung an die Zukunft«, die für ihn »mögliche Zukunft« werde. Aber er orientiere ihn nicht auf eine Verheißung hin, und deshalb bleibe er verirrt und allein. »Deshalb sagt Jesus zu uns: ›Entweder Gott oder den Mammon, entweder das Reich Gottes und seine Gerechtigkeit oder aber die Sorgen der Welt‹. Er lädt uns ganz einfach ein, den Weg dieses übergroßen Geschenks einzuschlagen, das er uns gemacht hat: seine Auserwählten zu sein. Durch die Taufe sind wir Auserwählte in der Liebe«, bekräftigte der Papst.

»Lasst uns nicht die Vergangenheit abschneiden: wir haben einen Vater, der uns auf den Weg gebracht hat. Und auch die Zukunft verheißt große Freude, weil wir einer Verheißung entgegengehen und die Sorgen uns nicht bedrängen. Der Herr ist getreu, er enttäuscht uns nicht. Und deshalb: Lasst uns gehen!«, lautete die Aufforderung des Papstes. Was die Gegenwart anbelange, so »tun wir das, was in unseren Kräften ist, aber ganz konkret, ohne uns Illusionen zu machen und ohne zu vergessen, dass wir einen Vater haben, der uns in der Vergangenheit auserwählt hat«. Folglich, so fügte Papst Franziskus hinzu, »sollen wir uns gut daran erinnern: Der Same, der unter die Dornen fällt, wird erstickt, er wird erstickt vom Reichtum und von den Sorgen der Welt«: zwei Elemente, die die Vergangenheit und die Zukunft vergessen machten. So »haben wir einen Vater, aber wir leben, als ob wir ihn nicht hätten«, und so hätten wir eine ungewisse Zukunft. Auf diese Art sei auch die Gegenwart »etwas, wo nicht alles stimmt«. Aber gerade das sei der Grund dafür, so tröstete der Papst, »dass wir dem Herrn vertrauen müssen, der sagt: ›Seid beruhigt, sucht das Reich Gottes, seine Gerechtigkeit. Alles andere kommt dann.‹« Zum Schluss der Predigt rief der Papst dazu auf, den Herrn um die Gnade zu bitten, nicht fehlzugehen, indem wir die Sorgen und den Götzendienst des Reichtums überschätzten, sondern immer daran zu denken, dass »wir einen Vater haben, der uns auserwählt hat und der uns etwas Gutes verheißt«. Folglich sollten wir »dieser Verheißung entgegengehen und die Gegenwart so nehmen, wie sie kommt«.

*Samstag, 22. Juni 2013*

»Ihr aber, für wen haltet ihr mich?« Diese Frage Jesu an seine Jünger fordere bis heute das Gewissen der Christen heraus. Und verlange von ihnen keine »unpersönliche« oder intellektuelle Antwort, sondern eine Erwiderung, die »aus dem Herzen« komme. Das war der rote Faden der Predigt in der heiligen Messe, die Papst Franziskus am Sonntag Vormittag, 23. Juni, in der Kapelle der »Domus Sanctae Marthae« feierte, gemeinsam mit ca. 50 Päpstlichen Vertretern, die in den Vatikan gekommen waren, um an den aus Anlass des Jahres des Glaubens stattfindenden Tagen des Gebets und der Reflexion teilzunehmen. ...

Ausgehend von den Schriftlesungen zum Tage – vor allem vom Abschnitt aus dem *Lukasevangelium* (9,18–24) – stellte der Heilige Vater den Anwesenden die entscheidende Frage, die Christus den zum gemeinsamen Gebet um ihn versammelten Jüngern gestellt hatte: »Ihr aber, für wen haltet ihr mich?« Es handle sich, so merkte er an, um »eine direkt ans Herz gerichtete Frage, eine Frage, die die Antwortenden mit einbezieht, eine Frage, die nicht so sehr die Identität Jesu betrifft als vielmehr, wem die Herzen derer gehören, die Jesus antworten«. Und der Erste, der eine Antwort gegeben habe, die direkt vom Heiligen Geist eingegeben worden sei, sei

Petrus gewesen: »Für den Messias Gottes«, also »den Gesalbten des Herrn; den neuen Gesalbten, den wahren Gesalbten, den endgültigen Gesalbten«.

Auch heute noch, sagte der Papst, werde »uns, die wir Apostel und Diener des Herrn sind«, dieselbe Frage gestellt: »Was denkst du über mich?« Jesus »macht das, er macht das oft«. Und wir, so tadelte er, dürften nicht antworten wie »jene, die nicht recht verstehen: ›Du bist der Gesalbte, ja, ich habe es gelesen ...‹ Mit Jesus können wir nicht so sprechen wie mit einer Gestalt aus der Geschichte. Jesus steht lebendig vor uns. Diese Frage wird von einem lebendigen Menschen an uns gestellt. Und wir müssen mit dem Herzen antworten.«

Im Verlauf der Kirchengeschichte habe es »viele Apostel gegeben, die es vielleicht nicht fertiggebracht haben, mit dem Herzen zu antworten«. Und die es vorgezogen hätten, über abstrakte oder intellektualistische Fragen zu disputieren. »Aber«, so warnte der Papst, »das ist nicht das, was er fragt. ›Für wen hältst du mich?‹ Immer, wenn Jesus zu uns spricht, steht da dieses ›Du‹.«

Wie soll man also auf diese Frage antworten? Der Heilige Vater schlug vor, das *Tagesgebet* als Ausgangspunkt zu nehmen. Dort, so erinnerte er, »haben wir um eine Gnade gebetet, eine besondere Gnade, die uns dabei hilft, so zu antworten: ›Gewähre es deinem Volke, Vater, immer in der Verehrung und in der Liebe zu deinem heiligen Namen zu leben.‹ Jesus können wir nur antworten »mit der Verehrung und der Liebe zu seinem heiligen Namen. Ist unser Herz ein Herz, das Jesus verehrt, ein Herz, das Jesus liebt? Wir können nur von da aus antworten«; jedwede andere Alternative werde zur Floskel, die »uns nicht mit einbezieht, uns nicht herausfordert«.

Papst Franziskus legte die Betonung auch auf den zweiten Teil des Tagesgebets: »… denn wen du auf den Felsen deiner Liebe gegründet hast, dem lässest du es niemals an deiner Führung fehlen«. Und er kommentierte: »Nie, nie wird es uns an seiner Führung mangeln. Verehrung und Liebe für seinen heiligen Namen. Und die Gewissheit, dass er uns auf einen Felsen, den Felsen seiner Liebe, gegründet hat. Und ausgehend von dieser Liebe geben wir dann unsere Antwort.« Folglich, wenn Jesus »diese Fragen stellt – ›Für wen hältst du mich?‹ – dann soll man hieran denken: Ich bin auf den Felsen seiner Liebe gegründet. Er leitet mich. Ich muss auf diesem Felsen und unter seiner Führung antworten.«

Auch wenn wir wüssten, dass irgendetwas in uns »nicht stimmt«, sei es erforderlich, jedweder Versuchung zu entfliehen, uns über uns selbst zu schämen, indem wir wahrheitsgemäß dem Beispiel Petri folgend antworteten, der »so weit geht, zu sagen: ›Herr, du weißt alles, du weißt, dass ich stets in der Verehrung und in Liebe zu deinem heiligen Namen leben will. Du weißt alles. Du bist die Welt für mich.‹«

»Niemals sich schämen, die Sünden nicht verdecken«, wiederholte der Bischof von Rom und fügte hinzu: »Er liebt uns sehr, wenn wir uns als Sünder fühlen. Er liebt uns sehr, so wie er Petrus geliebt hat«, der trotz seiner Sünden an die Spitze der Kirche gestellt worden sei. Geradeso mache der Herr »auch mit uns« »etwas Gutes«, denn »er ist größer«. Und wenn wir uns leiten ließen »von der Verehrung und von der Liebe« und spürten, dass wir sicher wie auf dem Felsen seien, »dann tut uns das sehr gut, es lässt uns sicher weitergehen und das Kreuz eines jeden Tages auf uns nehmen, das manchmal sehr schwer ist«.

»Lasst uns so weitergehen, voller Freude«, ermahnte zum Abschluss der Papst, und bitten wir um folgende Gnade: ›Vater, gewähre es deinem Volk, stets in der Verehrung und in der Liebe zu deinem heiligen Namen zu leben‹, in der Gewissheit, dass ›du denen, die du auf den Felsen deiner Liebe gegründet hast, nie deine Führung vorenthalten wirst‹«.

*Sonntag, 23. Juni 2013*

## Das Vorbild des hl. Johannes, Stimme des göttlichen Wortes

Eine Kirche nach dem Vorbild des hl. Johannes des Täufers, die »existiert, um ein Wort zu verkünden, Stimme eines Wortes zu sein, des Wortes ihres Bräutigams, der das Wort ist« und um »dieses Wort zu verkünden bis hin zum Martyrium« durch die Hand der »Hochmütigsten der Erde«. Davon sprach Papst Franziskus in der heiligen Messe in der Kapelle der »Domus Sanctae Marthae« am 24. Juni morgens, dem Hochfest der Geburt Johannes des Täufers, den die Kirche als »Größten unter allen Menschen« verehrt (vgl. *Mt* 11,11; *Lk* 7,28). ...

Die Gedanken des Papstes konzentrierten sich auf die Parallele zwischen Johannes dem Täufer und der Kirche, denn »die Kirche hat etwas von Johannes«, obwohl es schwierig sei, seine Gestalt zu beschreiben. Im Übrigen »sagt Jesus, dass er der Größte unter allen Menschen« sei; wenn wir dann aber »sehen, was er tut« und »wir an sein Leben denken«, dann merken wir, dass »er ein Prophet ist, der vorübergeht, ein Mann, der groß war«, bevor er ein tragisches Ende nahm. Daher lud Franziskus ein, sich zu fragen, wer Johannes wirklich sei und ihm dabei selbst das Wort zu überlassen. »Als die Schriftgelehrten und Pharisäer zu ihm kommen, damit er ihnen genauer erkläre, wer er sei«, gebe er die klare Antwort: »Ich bin nicht der Messias. Ich bin eine Stimme, eine Stimme in der Wüste.« Folglich sei das Erste, was man verstehe, dies: dass »die Wüste« sein Gesprächspartner ist; Leute mit »einem solchen Herzen, ohne nichts«, nannte sie der Papst. Während Johannes »eine Stimme ist, eine Stimme ohne Wort, denn das Wort ist nicht er, sondern ein anderer. Er ist derjenige der spricht, aber nicht aus sich; derjenige, der über einen anderen predigt, der nach ihm kommen wird.« In all dem, so Franziskus, liegt »das Geheimnis von Johannes«, der »sich nie des Wortes bemächtigt; das Wort ist ein anderer. Und Johannes ist derjenige, der hinweist, der lehrt.« Dabei gebrauche er die Begriffe: »nach mir … ich bin nicht der, für den ihr mich haltet; nach mir kommt einer, dem die Sandalen von den Füßen zu lösen ich nicht wert bin.« »Das Wort also gibt es nicht«, es gebe dagegen »eine Stimme, die auf einen anderen hinweist«. Der ganze Sinn seines Lebens »ist, auf einen anderen hinzuweisen«.

Weiter erwähnte der Papst in seiner Predigt, dass die Kirche für das Fest des hl. Johannes »die längsten Tage des Jahres« gewählt habe, »die Tage, die am meisten Licht haben, weil Johannes in der Finsternis jener Zeit der Mann des Lichtes gewesen ist: nicht eines eigenen Lichtes, sondern eines reflektierten Lichtes. So wie ein Mond. Und als Jesus zu predigen beginnt«, da beginnt das Licht des Johannes schwächer zu werden, »weniger zu werden, unterzugehen«. Er selbst sage dies ganz klar, wenn er von seiner Sendung spreche: »Er muss wachsen, ich aber muss kleiner werden.«

Insgesamt also: »Stimme, nicht Wort; Licht, aber nicht das eigene, und so scheint Johannes nichts zu sein.« Damit werde »die Berufung« des Täufers offenbart: »sich entäußern. Und wenn wir das Leben dieses großen Mannes betrachten – alle dachten, er sei der Messias –, wenn wir betrachten, wie dieses Leben sich entäußert bis hinein in das Dunkel eines Kerkers, dann betrachten wir ein unermessliches Geheimnis.« Denn wir »wissen nicht, wie seine letzten Tage waren«. Es sei nur bekannt, dass er getötet worden sei und sein Kopf »auf einer Schale« geendet habe, als »großes Geschenk einer Tänzerin an eine Ehebrecherin. Ich glaube, dass man nicht mehr weiter unten landen kann, sich erniedrigen, entäußern.« Allerdings wisse man, was vorher geschehen sei, in der Zeit im Kerker: Wir kennen »jene Zweifel, jene Angst, die er hatte«. Das ging so weit, dass er seine Jünger habe rufen lassen, »um dem Wort die Frage zu stellen: Bist du es, oder müssen wir auf einen anderen warten?« Denn ihm seien nicht einmal »das Dunkel, der Schmerz über sein Leben« erspart geblieben: Hat mein Leben einen Sinn oder habe ich mich geirrt?

Der Papst wies darauf hin, dass der Täufer hätte stolz sein können, er hätte sich wichtig fühlen kön-

nen, aber das habe er nicht getan: Er habe »nur hingewiesen, er fühlte sich als Stimme und nicht als Wort«.
Das ist für Franziskus das »Geheimnis von Johannes«. Er »wollte kein Ideologe sein«. Er sei ein
»Mann gewesen, der sich selbst verleugnet habe,
damit das Wort« wachsen könne. Das sei auch die
Aktualität seiner Lehre: »Wir als Kirche können
heute um die Gnade bitten«, forderte der Heilige
Vater auf, »dass wir keine ideologisierte Kirche werden« um dagegen allein »*Dei Verbum religiose
audiens et fidenter proclamans*« zu sein, womit der
Papst den Beginn der Konzilskonstitution über die
göttliche Offenbarung zitierte. Eine Kirche, die »das
Wort Jesu voll Ehrfurcht hört und es mutig verkündet«; eine »Kirche ohne Ideologien, ohne eigenes
Leben«; eine »Kirche, die *mysterium lunae* ist, die
ihr Licht von ihrem Bräutigam empfängt« und die
ihr eigenes Licht schwächer werden lassen müsse,
damit das hell erstrahlende Licht das Licht Christi
sei. Papst Franziskus ist überzeugt: »Das Vorbild,
das uns Johannes heute vor Augen stellt«, ist das »einer Kirche, die immer im Dienst des Wortes steht;
einer Kirche, die niemals etwas für sich selbst
nimmt«. Und weil im Tagesgebet und in den Fürbitten um »die Gnade der Freude« gebetet und an den
Herrn die Bitte gerichtet worden war, »die Kirche
zu erfreuen in ihrem Dienst am Wort, Stimme dieses
Wortes zu sein, dieses Wort zu verkünden«, forderte

der Papst dazu auf, um die Gnade zu bitten, »Johannes nachzuahmen: ohne eigene Ideen, ohne ein Evangelium, dessen man sich als Eigentum bemächtigt hat«, um »Kirche zu sein als Stimme, die auf das Wort hinweist, bis zum Martyrium«.

*Montag, 24. Juni 2013*


### Der Ruf an Abraham

Der Weg zum Frieden im Nahen Osten ist jener, den die »Weisheit« Abrahams, des gemeinsamen Vaters im Glauben für Juden, Christen und Muslime, uns gewiesen hat. Das sagte Papst Franziskus bei der Messe, die er am Dienstag, 25. Juni, in der Kapelle der »Domus Sanctae Marthae« feierte, unter Bezug auf Kapitel 13 der *Genesis.* »Wenn ich diesen Text lese, dann denke ich an den Nahen Osten und bitte den Herrn sehr darum, dass er uns allen Weisheit verleihe, diese Weisheit: Streiten wir nicht – du dort, ich hier – um den Frieden«, sagte er zu Beginn der Predigt. Und Abraham, so ergänzte er, erinnere uns auch daran, dass »niemand nur zufällig ein Christ ist«, da Gott uns bei unserem Namen und mit »einer Verheißung« rufe. ...

Der Papst erinnerte daran, dass am Anfang der Geschichte Abrahams, der bereit sei, sein Land zu verlassen, »um zu einem unbekannten Ort aufzubrechen, den ihm der Herr nennen würde«, eine Verheißung stehe. Der Heilige Vater ließ die Wechselfälle von Abrahams Leben Revue passieren, die Reise nach Ägypten und, wie gesagt, den Streit und die Versöhnung mit Lot über eine Frage der Landverteilung. Papst Franziskus wiederholte die wunderschönen Worte aus der *Genesis:* »Da sprach der Herr zu Abraham: ›Blick auf und schau von der Stelle, an der du stehst, nach Norden und Süden, nach Osten und Westen. Das ganze Land nämlich, das du siehst, will ich dir und deinen Nachkommen für immer geben.‹« Und er fügte hinzu: »Dieser vielleicht bereits 90-jährige Mann schaut alles an und glaubt dem Wort Gottes, der ihn dazu aufgefordert hat, seine Heimat zu verlassen. Er glaubt. Und dann geht er, lässt sich bei den Eichen von Mambre nieder, an dem Ort, an dem der Herr oft zu ihm sprechen wird.«

Abraham, so betonte der Papst, »bricht mit einer Verheißung aus seiner Heimat auf. Seine ganze Reise besteht darin, dieser Verheißung entgegenzugehen. Und sein Weg ist auch ein Vorbild für unseren Weg. Gott ruft Abraham, einen einzelnen Menschen, und aus diesem Menschen lässt er ein Volk werden. Wenn wir zum *Buch Genesis* gehen, an den Anfang, zur Schöpfung, können wir lesen, wie Gott die Sterne erschafft, die Pflanzen erschafft, die Tiere erschafft.« Alles im Plural. Aber

»er schafft den Menschen: Singular. Einen. Gott spricht immer im Singular zu uns, weil er uns nach seinem Bild und ihm ähnlich erschaffen hat. Und Gott spricht im Singular zu uns und hat zu Abraham gesprochen, er hat ihm etwas verheißen und hat ihn dazu aufgefordert, sein Land zu verlassen.« Auch »wir Christen«, so fuhr der Papst fort, »sind im Singular berufen worden. Niemand von uns ist Christ durch einen bloßen Zufall: niemand. Es gibt einen Ruf für dich, für dich, für dich.« Es sei ein Ruf »beim Namen, mit einer Verheißung: Geh voran, ich bin bei dir, ich gehe an deiner Seite.«

»Das«, so erklärte er, »wusste auch Jesus, der sich in den schwierigsten Augenblicken an den Vater wendet«, wie es »im Ölgarten« geschehen sei. »Und ganz am Ende, als er jenes abgrundtiefe Dunkel nahen spürt«, da sagte er: »Vater, warum hast du mich verlassen?« Folglich ist er »immer in Verbindung mit dem Vater, der ihn berufen und gesandt hat. Und selbst als er uns verlässt, am Tag der Himmelfahrt, sagt er dieses schöne Wort: Ich bin bei euch alle Tage, neben euch: neben dir, neben dir, neben dir. Immer.«

»Gott begleitet uns. Gott ruft uns bei unserem Namen. Gott verheißt uns eine Nachkommenschaft«, erinnerte der Papst weiter. »Und das ist die Gewissheit des Christen: Es ist kein Zufall, es ist ein Ruf. Ein Ruf, der uns weitergehen lässt. Christ sein ist ein Ruf der Liebe, der Freundschaft. Ein Ruf dazu, Kind Gottes zu werden, Bruder Jesu, dazu, fruchtbar zu werden bei der Weitergabe dieses Rufs an die anderen Menschen, ein Werkzeug dieses Rufs zu werden.« Gewiss, so gestand er ein, »da gibt es viele Probleme, schwierige Augenblicke. Auch Jesus hat viele davon durchlebt, aber immer in der Gewissheit: Der Herr hat mich gerufen, der Herr ist bei mir, der Herr hat mir eine Verheißung gegeben. Aber vielleicht hat sich der Herr in mir getäuscht? Der Herr ist treu, denn er kann nie sich selbst verleugnen. Er ist die Treue.«

Gerade »wenn wir an Abraham denken, an diese Bibelstelle, wo er erstmals zum Vater gesalbt wird, zum Vater des Volkes, da denken auch wir daran«, fuhr der Papst fort, »dass wir gesalbt sind in der Taufe, und denken an unser christliches Leben«. Und diejenigen, die sagen »Vater, aber ich bin ein Sünder«, erinnerte der Papst daran, dass wir das alle seien. Wichtig sei, »voranzugehen mit dem Herrn. Weiterzugehen mit jener Verheißung, die er uns gegeben hat, mit jenem Versprechen der Fruchtbarkeit; und den anderen Menschen zu sagen, den anderen zu erzählen, dass der Herr bei uns ist, dass der Herr uns auserwählt hat und uns nie alleinlässt. Diese Gewissheit des Christen tut uns gut«.

Papst Franziskus schloss mit der Hoffnung, dass »der Herr uns allen jenen Willen verleihe, weiterzugehen, den Abraham gehabt hat«, auch inmitten aller Schwierigkeiten. Weitergehen, mit der Gewissheit des Abraham, der Gewissheit, dass der Herr »mich berufen hat, mir viele schöne Dinge verheißen hat, dass er bei mir ist«.

*Dienstag, 25. Juni 2013*

## Die Freude der pastoralen Vaterschaft

Die Gnade der Vaterschaft. Das ist das Thema, über das Papst Franziskus bei der Frühmesse reflektierte, die er am Mittwoch, 26. Juni, in der Kapelle der »Domus Sanctae Marthae« feierte. Der Papst betonte vor allem, dass »wir alle, um reif zu sein, die Freude der Vaterschaft verspüren müssen«. Das gelte auch, so fügte er hinzu, im Falle des priesterlichen Zölibats, denn »Vaterschaft heißt, Leben zu geben«: Bei Priestern handle es sich also um »die pastorale Vaterschaft, die geistliche Vaterschaft«, die immer und auf jeden Fall darin bestehe, »Leben zu geben, Vater zu werden«. …

Gemeinsam mit dem Heiligen Vater zelebrierte unter anderem auch Kardinal Salvatore De Giorgi, der von Freunden und von ungefähr achtzig Priestern begleitet wurde, die ihm verbunden sind und mit ihm den 60. Jahrestag seiner Priesterweihe feiern wollten, die er am 28. Juni 1953 empfangen hatte.

Papst Bergoglio bezog sich in seiner Predigt auf die Schriftlesungen zum Tage, vor allem auf die erste aus dem Buch *Genesis* (15,1–12.17–18), wo vom Bund die Rede ist, den Abraham mit dem Herrn geschlossen hatte. Unser Vater im Glauben, so erklärte er, »spürte, dass ihn der Herr sehr liebte, dass er ihm Vieles verheißen hatte, aber er verspürte das Verlangen nach einem Sohn«; er verspürte in seinem Inneren »jenen Ruf der Natur: Ich will einen Sohn haben«. Also, so erinnerte der Papst, habe er mit dem Herrn über seinen »Wunsch, Vater zu werden«, gesprochen. Denn, so bekräftigte der Papst, »wenn ein Mann diesen Wunsch nicht verspürt«, dann ist da etwas, das in ihm fehlt, »etwas stimmt dann nicht«.

Und Abrahams Vaterschaft sehe man, so erinnerte der Papst, auch in einem anderen Moment: jenem »überaus schönen Moment, in dem er das Opfer vorbereitet: Er holt die Tiere, er zerteilt sie, aber da kommen die Raubvögel. Und mich«, so gestand er, »bewegt es zutiefst, diesen 90-Jährigen zu sehen, der mit dem Stock in der Hand das Opfer verteidigt, das verteidigt, was ihm gehört«. Das ist ein Bild, das Papst Franziskus in einen Zusammenhang stellt mit dem »eines Vaters, wenn er seine Familie verteidigt«, dem »eines Vaters, der weiß«, was es bedeutet, »seine Kinder zu verteidigen«. Und das, fuhr er fort, »ist eine Gnade, um die wir

Priester bitten müssen: die Gnade der pastoralen Vaterschaft, der geistlichen Vaterschaft«. In der Tat, auch wenn alle Sünder seien, viele sogar große Sünder, sei der Mangel an geistlichen Kindern – also keine Hirten zu werden –, gleichzusetzen damit, ein Leben zu führen, das nicht an sein Ende kommt, »sondern auf halbem Wege anhält«.

Der Heilige Vater schlug dann eine Verbindung zwischen dem Thema der Predigt und der Anwesenheit von Kardinal De Giorgi und der Freunde, die diesen begleiteten. »Heute«, so sagte er, »schenkt uns der Herr in dieser Messe, in der wir einen Vater feiern, auch die Gnade dieser Bibelstelle. Ich weiß nicht, was der liebe Salvatore alles getan hat; aber ich bin mir dessen gewiss, dass er ein Vater gewesen ist«; und die Anteilnahme so vieler Priester an seiner Freude sei »ein Zeichen« dafür. In diesem Kontext verriet er auch, dass er vom Fenster seiner Wohnung aus vor Beginn der Messe die Ankunft dieser Gruppe von Priestern »mit Geschenken, mit zahlreichen Dingen« gesehen habe, und dass er gedacht habe: »Diese da kommen, um ihren Vater zu grüßen.« Denn, so sagte er, »es gibt Gesten, die eindeutig sind«, die »Gesten von Kindern, die ihren Vater besuchen«. Und Kardinal De Giorgi seinerseits »kann dem Herrn für diese Gnade danken, die er ihm gewährt hat«. Ein »schönes Leben« bezeichnete der Papst das Wirken des Kardinals in verschiedenen Diözesen Apuliens und in der Erzdiözese Palermo: ein Leben, in dem »das schönste das ist, dass er Vater ist; er ist Vater, er hat auf die Vaterschaft gesetzt und hat gewonnen«.

Dann wandte sich der Heilige Vater direkt an die anwesenden Priester. »Jetzt«, sagte er zu ihnen, wobei er sich einer dem Fußball entliehenen Metapher bediente, »ist der Ball in eurer Spielhälfte«, denn der Herr sage, dass »jeder Baum die ihm eigene Frucht trägt, und wenn er gut ist, dann müssen auch die Früchte gut sein«. Und forderte sie auf: »Führt auch ihr die Vaterschaft der Priester fort, die Vaterschaft, die ihr in diesem Mann gesehen habt.«

Schließlich wollte der Papst seine Reflexion zusammenfassen, indem er sich dreier Bilder bediente. Zwei davon waren direkt der ersten Schriftlesung entnommen: »das Bild Abrahams, der um einen Sohn bittet«, und »das Bild Abrahams mit dem Stock in der Hand, der die Familie verteidigt«. Das dritte Bild sei das des alten Simeon im Tempel, der, so schloss er, »als er das neue Leben empfängt, spontan in einen Lobgesang ausbricht, eine Liturgie der Freude«.

*Mittwoch, 26. Juni 2013*

Es bestehe ein Bedarf an »Christen des Handelns und der Wahrheit«, deren Leben »auf Jesu Felsen gründet«, und keine »Wort-Christen«, die oberflächlich seien wie die Gnostiker oder starr wie die Pelagianer. Das sagte Papst Franziskus im Verlauf der Messe, die er am Donnerstag früh, 27. Juni, in der Kapelle der »Domus Sanctae Marthae« feierte, wobei er ein Thema wieder aufgriff, das ihm am Herzen liegt. ...

Die Reflexion des Papstes, die wie gewöhnlich von den Schriftlesungen zum Tage angeregt war, stützte sich vor allem auf die Passage aus dem *Matthäusevangelium* (7,21–29), wo, wie der Papst erläuterte, »der Herr zu uns über unsere Grundlage, die Grundlage unseres christlichen Lebens spricht« und uns sage, dass diese »Grundlage der Fels ist«. Das bedeute, dass »wir unser Haus«, d. h. unser Leben, auf dem Fels errichten sollten, der Christus sei. Wenn der hl. Paulus vom Felsen in der Wüste spreche, dann beziehe er sich auf Christus, unterstrich der Papst. Er sei der einzige Fels, »der uns Sicherheit zu verleihen vermag«, so sehr, dass »wir dazu aufgefordert sind, unser Leben auf diesem Felsen Christi aufzubauen. Nicht auf einem anderen Felsen.«

Der Papst erinnerte daran, dass Jesus in dieser Bibelstelle auch auf jene anspiele, die glauben, ihr

Leben einzig auf Worten aufbauen zu können: »Nicht jeder, der sagt ›Herr, Herr‹ kommt in das Reich des Himmels«. Aber der Papst wies darauf hin, dass Jesus unverzüglich dazu rate, »unser Haus auf dem Felsen« zu errichten. Ausgehend von dieser Lehre, unterschied der Papst »in der Geschichte der Kirche zweierlei Kategorien von Christen«: die Ersten, vor denen man sich hüten solle, seien die »Wort-Christen«, also jene, die sich darauf beschränken, zu wiederholen: »Herr, Herr, Herr!«; die Zweiten, die wahren Christen, seien die »Christen des Handelns, der Wahrheit«.

Dazu hob er hervor, dass seit jeher die »Versuchung bestanden habe, unser Christentum außerhalb des Felsens zu leben, der Christus ist; des Einzigen, der uns die Freiheit verleiht, Gott mit ›Vater‹ ansprechen zu können; des Einzigen, der uns in schwierigen Momenten stützt«. Jesus selbst sage dies anhand ganz konkreter Beispiele: »Ein Wolkenbruch kam und die Wassermassen fluteten heran, die Stürme tobten«, aber wenn »der Fels da ist, dann besteht Sicherheit«. Anders sehe es aus, wenn es nur »Worte (gebe), die Worte fliegen, sie nutzen nichts«. Praktisch ende man in der »Versuchung jener ›Wort-Christen‹: in einem Christentum ohne Jesus«. Und leider »ist das in der Kirche geschehen und geschieht dort auch heute noch«. Es handle sich um eine Versuchung, die im Verlauf der Kir-

chengeschichte in unterschiedlichster Ausprägung
vorhanden gewesen sei und die die unterschiedlichs-
ten Kategorien von »Christen ohne Christus« her-
vorgebracht hätte, von denen Papst Franziskus
besonders zwei speziell vertiefte.

Die Kategorie des »Christen light«, der, »statt
den Felsen zu lieben, die schönen Worte liebt, die
schönen Dinge« und der sich »mit einem oberflächli-
chen und unseriösen« Verhalten an einen »Gott in der
Spraydose«, einen »persönlichen Gott« wende. Diese
Versuchung gebe es auch heute noch: »oberflächliche
Christen, die zwar an Gott glauben«, aber nicht an
Jesus Christus, »den, der dir eine Grundlage gibt«.
Der Papst definierte diese Art von Christen als »moderne Gnostiker«, als Menschen, die der Versuchung
eines flüssigen Christentums nachgäben.

Zur zweiten Kategorie hingegen gehörten diejenigen, »die glauben, dass das christliche Leben« »so
ernst genommen werden« müsse, dass man zuletzt
»Solidität und Festigkeit mit Steifheit verwechselt«.
Der Heilige Vater definierte sie als »steife Christen«,
»die glauben, es sei, um Christen zu sein, notwendig, Trauer zu tragen«, indem man »immer alles tod-
ernst nehme«, sehr auf Formalitäten achte, wie es die
Schriftgelehrten und Pharisäer der Zeit Jesu taten.
Das sind für den Papst Christen, in deren Augen
»alles ernst ist. Sie sind die heutigen Pelagianer, diejenigen, die an die Rigidität im Glauben glauben«.

Und sie seien überzeugt davon, dass »das Heil in der Art und Weise besteht, in der wir die Dinge tun«: »ich muss das ernsthaft tun«, ohne Freude. Der Papst kommentierte: »Davon gibt es viele. Sie sind keine Christen, sie verkleiden sich als Christen.«

Diese beiden Kategorien von Gläubigen – Gnostiker und Pelagianer – »kennen« letztendlich »Jesus nicht, sie wissen nicht, wer der Herr ist, sie wissen nicht, was der Fels ist, es fehlt ihnen die Freiheit der Christen«. Und folglich »sind sie freudlos«. Die Ersteren »verfügen über eine gewisse oberflächliche ›Fröhlichkeit‹«; die Zweiten »leben in einer ununterbrochenen Trauerwache, aber sie wissen nicht, was die christliche Freude ist, sie können das Leben, das Jesus uns schenkt, nicht genießen, weil sie nicht über ihn sprechen können«. Deshalb seien sie außerstande, in Jesus »jene Festigkeit« zu finden, »die seine Gegenwart gibt«. Und sie sind nicht nur freudlos, sondern ihnen »fehlt auch die Freiheit«. Die Ersten, fuhr der Papst fort, »sind Knechte der Oberflächlichkeit«, die Zweiten »sind Knechte ihrer Steifheit« und sind »unfrei«, weil »der Heilige Geist in ihrem Leben keinen Platz hat«. Im Übrigen »ist es der Heilige Geist, der uns frei macht«.

Das also ist Papst Franziskus zufolge die Lehre des heutigen Tages: die Einladung dazu, unser Christenleben auf dem Felsen zu gründen, der uns die Freiheit gibt« und der uns »freudig auf seinen

Weg weitergehen lässt, seine Angebote annehmen lässt«. Von hier aus erfolgt die doppelte Ermahnung, »den Herrn um die Gnade zu bitten, keine ›Wort-Christen‹ zu werden, sei es nun mit ›gnostischer Oberflächlichkeit‹, sei es mit ›pelagianischer Steifheit‹«, um stattdessen »weitergehen zu können im Leben als Christen, die fest auf den Felsen gründen, der Jesus Christus ist, und mit der Freiheit, die uns der Heilige Geist verleiht«. Eine Gnade, die man »ganz besonders von der Muttergottes« erbitten könne. Sie, so schloss er, »weiß, was es heißt, auf dem Felsen zu gründen«.

*Donnerstag, 27. Juni 2013*

## Das Mysterium der Geduld Gottes

Es gebe kein »Protokoll über Gottes Handeln in unserem Leben«, aber wir könnten gewiss sein, dass er früher oder später »auf seine Art« eingreife. Deshalb dürften wir nicht ungeduldig oder skeptisch werden, schon deshalb nicht, weil wir, wenn wir entmutigt seien und »beschließen, vom Kreuz zu steigen, das immer fünf Minuten vor der Offenbarung zu tun pflegen«. Und Papst Franziskus forderte während der Messe, die er am Freitag, 28. Juni, in der Kapelle der »Domus Sanctae Marthae« feierte, dazu auf, die Zeiten Gottes zu akzeptieren und zu erkennen. …

Gott gehe immer mit uns, »und das ist gewiss«, sagte der Papst. »Vom ersten Augenblick der Schöpfung an«, so erläuterte er, »hat sich der Herr mit uns eingelassen. Er hat nicht etwa die Welt, den Mann, die Frau erschaffen und dann sich selbst überlassen. Er hat uns nach seinem Bild und ihm ähnlich geschaffen.« Folglich gebe es vom Anbeginn der Zeiten an »diese Beteiligung des Herrn an unserem Leben, am Leben seines Volkes«, weil »der Herr seinem Volk nah ist, sehr nahe. Er sagt das selbst: Welches Volk auf Erden hat einen Gott, der ihm so nahe ist wie euch?«

»Diese Nähe des Herrn«, bekräftigte Papst Franziskus, »ist ein Zeichen seiner Liebe: Er liebt uns so sehr, dass er gemeinsam mit uns gehen wollte. Das Leben ist ein Weg, den er gemeinsam mit uns gehen wollte. Und der Herr tritt immer in unser Leben ein und hilft uns, weiterzugehen.« Aber, so präzisierte er, »wenn der Herr kommt, dann tut er das nicht immer auf dieselbe Art. Es gibt kein Protokoll über das Handeln Gottes in unserem Leben. Einmal macht er es auf diese Weise, ein andermal macht er es auf jene Weise. Aber er tut es immer. Diese Begegnung zwischen uns und dem Herrn gibt es immer.«

In der Stelle aus dem *Matthäusevangelium* (8,1–4), die Gegenstand der heutigen Schriftlesung war, »haben wir gesehen«, so betonte der Papst,

»wie der Herr gleich in das Leben eines Aussätzigen eintritt«. Der Evangelist berichte, dass »als Jesus von dem Berg herabstieg, ihm viele Menschen folgten. Und da kam ein Aussätziger, fiel vor ihm nieder und sagte: ›Herr, wenn du willst, kannst du machen, dass ich rein werde.‹ Er aber streckte die Hand aus und berührte ihn und sagte: ›Ich will es!‹« Jesus habe also »unverzüglich« eingegriffen: »Gleich auf das Gebet erfolgt das Wunder.«

Im Gegensatz dazu »sehen wir«, so erklärte der Papst, in der ersten Schriftlesung, die dem Buch *Genesis* entnommen ist (17,1 und 9f. sowie 15–22), »wie der Herr Schritt für Schritt, ganz langsam, ins Leben Abrahams tritt. Als Abraham bereits 89 Jahre alt war.« Gott habe ihm die Geburt eines Sohnes zugesichert. »Heute haben wir gelesen, dass er ihm im Alter von 99 Jahren, zehn Jahre später, einen Sohn verspricht. Zehn Jahre sind vergangen. Die Weisen sagen uns: ein Tag ist für den Herrn wie tausend Jahre und tausend Jahre sind wie ein Tag«, betonte der Papst.

»Der Herr«, so fügte er hinzu, »folgt immer seiner eigenen Methode, um in unser Leben einzutreten. Oft tut er das so langsam, dass wir Gefahr laufen, ein wenig die Geduld zu verlieren: ›Aber, Herr, wann?‹ Und wir beten und beten, aber sein Eingriff in unser Leben erfolgt nicht.« Andere Male hingegen »denken wir an das, was uns der Herr verheißen hat, aber das ist so großartig, dass wir ein wenig misstrauisch sind, ein wenig skeptisch, und dass wir wie Abraham insgeheim darüber lachen«. Tatsächlich »sagt uns« die Passage aus der *Genesis,* »dass Abraham sein Gesicht verbarg und lachte. Ein wenig Skepsis: Können einem 100-Jährigen noch Kinder geboren werden, und kann meine Frau als 90-Jährige noch gebären?‹« Und »dasselbe«, so fügte der Papst hinzu, »wird Sara bei den Eichen von Mambre tun, als die drei Engel dem Abraham« die Verkündigung wiederholen, »während sie ein wenig hinter dem Zelteingang verborgen war; sie spionierte im Verborgenen, um zu hören, wovon die Männer sprachen, aber das ist schon immer so gewesen ... Und als sie das hörte, lachte sie. Sie lachte aus Skepsis.«

Papst Franziskus machte darauf aufmerksam, dass bei uns dasselbe zu geschehen pflegt: »Wie oft werden wir, wenn der Herr nicht kommt, keine Wunder tut und nicht das tut, was wir gerne hätten, dass er tun solle, entweder ungeduldig – ›Aber er tut es nicht!‹ – oder skeptisch: ›Er kann es nicht tun!‹« »Der Herr lässt sich seine Zeit«, so fuhr der Papst fort, »aber auch er hat in dieser Beziehung mit uns sehr viel Geduld. Wir sind keineswegs die Einzigen, die Geduld haben müssen. Er hat Geduld, er wartet auf uns. Und er wartet auf uns bis ans Lebensende, gemeinsam mit dem guten Schächer, der genau am

Ende Gott erkannt hat. Der Herr geht mit uns, aber oft lässt er sich nicht sehen, wie im Fall der Jünger von Emmaus.« »Der Herr«, sagte der Papst weiter, »ist in unser Leben involviert, das ist gewiss, aber oft sehen wir ihn nicht. Und das verlangt uns Geduld ab. Aber der Herr, der mit uns geht, hat selbst auch sehr viel Geduld mit uns: das Mysterium der Geduld Gottes der sich im Gehen unserem Schritttempo anpasst«.

»Manchmal«, so erklärte Papst Franziskus, »werden die Dinge im Leben dunkel. Es gibt sehr viel Dunkelheit. Und wenn wir in Schwierigkeiten sind, dann wollen wir vom Kreuz heruntersteigen. Und das ist der genaue Augenblick: Die Nacht ist dann am Dunkelsten, wenn die Morgenröte unmittelbar bevorsteht. Und immer dann, wenn wir vom Kreuz herabsteigen, tun wir das fünf Minuten, bevor die Offenbarung erfolgt. Das ist der Moment der allergrößten Ungeduld.« Hier komme uns die Lehre Jesu zu Hilfe, der »am Kreuz hörte, wie sie ihn herausforderten: ›Steig herab, steig herab, komm!‹ Man braucht also »Geduld bis zum Ende, da er geduldig mit uns ist. Er kommt immer. Er ist immer mit uns involviert. Aber er tut das auf seine Art und wenn er denkt, dass es der beste Augenblick sei; er sagt zu uns nur das, was er zu Abraham gesagt hat: ›Gehe in meiner Gegenwart und sei ohne Fehl, sei untadelig‹: das ist genau das richtige Wort«.

Der Papst schloss die Predigt mit der Bitte an den Herrn, dass er allen die Gnade gewähren möge, »immer in seiner Gegenwart zu gehen und dabei zu versuchen, untadelig zu sein. Das ist der Weg mit dem Herrn, und er greift ein, aber wir müssen warten: den Augenblick abwarten, indem wir stets in seiner Gegenwart weitergehen und versuchen, untadelig zu leben«.

*Freitag, 28. Juni 2013*


## Ein mutiges Gebet zum Herzen des Herrn

Um etwas von Gott gewährt zu bekommen, müsse man den Mut haben, mit ihm in einem dringlichen und überzeugten Gebet, das aus wenigen Worten besteht, »zu verhandeln«. Papst Franziskus ist damit wieder darauf zurückgekommen, über den Mut zu sprechen, der das »mit aller erdenklichen Vertrautheit« an den Vater gerichtete Gebet unterstützen solle. Und als Beispiel hierfür führte er das Gebet Abrahams an, dessen Art und Weise, mit Gott geradeso zu reden, als wäre er im Begriff, mit einem anderen Menschen zu verhandeln. Der Papst forderte die Teilnehmer an der Messe, die er am Montag früh, 1. Juli, in der Kapelle der »Domus Sanctae Marthae« feierte, dazu auf, eben hierüber nachzudenken. …

Die biblische Geschichte, auf die sich der Papst bezog, stammt aus dem Buch *Genesis* (18,16–33), wo von dem mutigen Eintreten Abrahams berichtet wird, der den Tod der Gerechten bei der Zerstörung der Städte Sodom und Gomorra vermeiden will, ein gutes Beispiel für die Vertrautheit und Ehrerbietung Gott gegenüber. Abraham wende sich so an Gott, wie er sich an jeden beliebigen Menschen wende, er lege das Problem dar und insistiere: »Vielleicht gibt es fünfzig Gerechte in der Stadt? Und wenn sich vierzig fänden ... dreißig ... zwanzig ... zehn?« Der Papst erinnerte daran, dass Abraham bereits über 100 Jahre alt gewesen sei. Er habe seit ungefähr 25 Jahren mit dem Herrn gesprochen und in ihm sei eine gründliche Kenntnis Gottes herangereift. Und folglich wende er sich an den Herrn, um ihn zu fragen, »was er mit dieser sündigen Stadt tun wird. Abraham verspürt die Kraft, von Angesicht zu Angesicht mit dem Herrn zu sprechen, und er versucht, diese Stadt zu verteidigen. Er ist beharrlich.« Er verspüre, so erläuterte der Papst weiter, dass ihm dieses Land gehöre, und folglich versuche er, das zu retten, was sein Eigentum sei. Aber, so warnt er, er spürt auch, dass er das verteidigen muss, was ein Eigentum des Herrn sei. »Abraham«, so erläuterte Papst Franziskus, »ist ein mutiger Mann, und er betet mutig«. Im Übrigen sei das Erste, was man in der Bibel bemerke, gerade die Bekräftigung, dass

»das Gebet mutig sein muss«. Wenn wir von Mut sprechen, »dann denken wir immer an den apostolischen Mut«, an den Mut, der uns dazu bringt, »hinzugehen und das Evangelium zu verkündigen«.

Gleichwohl existiere aber »auch der Mut vor dem Herrn, die Parrhesia vor dem Herrn: mutig vor den Herrn treten, um etwas von ihm zu erbitten«. Und »Abraham spreche auf eine ganz besondere Art mit dem Herrn, mit eben dieser Art von Mut«. Der Papst vergleicht Abrahams Gebet mit einem »phönizischen Laden«, in dem man über Preise feilsche und ihn bitte, einem so weit wie möglich entgegenzukommen, um den Preis zu drücken. Abraham insistierte und »es ist ihm gelungen, den Preis von fünfzig auf zehn zu drücken«, obwohl er wusste, dass es unmöglich war, zu verhindern, dass die sündigen Städte bestraft würden. Aber er musste sich für sie verwenden, um »einen Gerechten, seinen Vetter« zu retten. Mutig, beharrlich, aber er machte weiter.

Wie oft, erinnerte der Papst, mag es einem jeden von uns passiert sein, dass wir für jemanden gebetet haben, indem wir gesagt hätten: »Herr, ich bitte dich für diesen, für jenen ...« Aber »wenn man will, dass der Herr eine Gnade gewähre«, so unterstrich der Bischof von Rom, »dann muss man mutig hingehen und das tun, was Abraham getan hat, mit Nachdruck. Jesus selbst sagt zu uns, dass wir auf diese Art beten sollen«. Und um diese Vorstellung klarer zu vermitteln, wies der Papst auf einige biblische Geschichten hin, um zu zeigen, wie man dank der Beharrlichkeit vom Herrn das erhalten könne, worum man bitte. »Das«, so wiederholte er, »ist die Einstellung, die man beim Gebet haben sollte. Die hl. Teresa bezeichnet das Gebet als ein Verhandeln mit dem Herrn. Und das ist dann möglich, wenn es Vertrautheit mit dem Herrn gibt.

Abraham verkehrte seit 25 Jahren mit dem Herrn, er war mit ihm vertraut. Und deshalb konnte er es wagen, diesen Weg des Gebets einzuschlagen. Beharrlich sein, mutig. Das ist ermüdend, das ist wahr, aber das ist das Gebet. Das heißt, von Gott eine Gnade zu erlangen.«

Der Papst hielt sich dann auch dabei auf, in welcher Form sich Abraham an den Herrn wende: »Er sagt nicht: ›Ach die Ärmsten, sie werden verbrannt werden ... vergib ihnen doch. Möchtest du das tun?‹ Er greift hingegen die Beweggründe von Gottes eigenem Herzen auf. Dasselbe tut Mose, als der Herr das Volk vernichten will: ›Aber nein, Herr, tu das doch nicht, denn sie werden sagen: Er hat sie aus Ägypten in die Wüste geführt, um sie zu töten! Nein, das kannst du nicht tun.‹ Den Herrn mit Hilfe der Tugenden des Herrn überzeugen, und das ist schön.« Die Anregung bestehe also darin, das Herz des Herrn anzusprechen. »Jesus«, so sagte der Papst, »lehrt uns: Der Vater weiß alles. Macht euch keine

Sorgen, der Vater lässt es regnen über Gerechte und Ungerechte, lässt die Sonne scheinen über Gerechte und Sünder«.

»Ich hätte gerne«, so schloss er, »dass wir alle uns von heute an fünf Minuten am Tag die Bibel vornehmen und langsam Psalm 103 beten, den Psalm also, den wir zwischen den beiden Schriftlesungen gebetet haben. ›Lobe den Herrn, meine Seele, und alles in mir seinen heiligen Namen! Und vergiss nicht, was er dir Gutes getan hat: der dir all deine Schuld vergibt, und all deine Gebrechen heilt, der dein Leben vor dem Untergang rettet und dich mit Huld und Erbarmen krönt.‹ Betet den ganzen Psalm. Und dadurch lernen wir die Dinge, die wir dem Herrn sagen.

*Montag, 1. Juli 2013*


## WIR MÜSSEN IN UNSERER SCHWACHHEIT MUTIG SEIN

Die Versuchung, die Neugier, die Angst und schließlich die Gnade. Das sind vier Situationen, in denen man sich befinden kann, wenn man sich einer Schwierigkeit ausgesetzt sieht. Papst Franziskus sprach von jener Situation in der Frühmesse am Dienstag, 2. Juli, bei seinen Reflexionen über die Schriftlesungen für die Liturgie des Tages (*Genesis* 19,15–29; *Psalm* 26; *Mk* 8,23–27) in der Kapelle der »Domus Sanctae Marthae« …

Der Heilige Vater begann seine Predigt, indem er den Schwerpunkt seiner Ausführungen auf die Einzigartigkeit der Liturgie für diesen Tag legte, die, wie er sagte, an gewisse »Konfliktsituationen« denken lassen, denen schwer zu begegnen ist. Über sie nachzudenken, »tut uns gut«, präzisierte er. Die erste Haltung sei diejenige, die wir an der Langsamkeit ablesen können, mit der Lot auf die Aufforderung des Engels reagiert, der ihm sagt, er solle sich beeilen, die Stadt vor ihrer Zerstörung zu verlassen. Der Papst bezog sich auf die Geschichte der Zerstörung von Sodom und Gomorra, über die im Buch *Genesis* berichtet wird, sowie auf die Rettung Lots und seiner Familie, die Abraham für ihn erlangt hatte. Der Papst erklärte, dass er »beschlossen hatte, die Stadt zu verlassen. Am Vorabend war er zu den Häusern der Verlobten seiner Töchter gegangen, um sie davon zu überzeugen, wegzugehen.« Er hatte also einen festen Entschluss gefasst, aber als der Augenblick kommt, um die Flucht zu ergreifen, »geht er ganz langsam, hat keine Eile«. Lot »wollte weggehen, aber langsam, ganz gemächlich, langsam«, selbst dann noch, als der Engel ihn dazu auffordert, zu fliehen. Diese Aufforderung«, erinnerte der Papst, »wird im Text sehr oft wiederholt: ›Flieh, flieh.‹« Lots Verhalten verkörpert dem Papst zufolge »die Unfähigkeit, sich vom Bösen, von der Sünde abzusetzen.

Wir wollen uns davon befreien, wir sind dazu entschlossen; aber da ist etwas, das uns zurückzieht.« »Ich meine«, fügte der Papst hinzu, um Lots Verhalten zu erklären, »dass vielleicht die Versuchung mit im Spiel war, ein wenig näher zu sein«, die Lot dazu brachte, diese Bitte vorzubringen. Tatsächlich »ist es sehr schwer, zu einer Situation der Sünde die Brücken abzubrechen«. Aber »die Stimme Gottes sagt uns dieses Wort: ›Flieh! Du kannst hier nicht kämpfen, da dich das Feuer, der Schwefel töten werden. Flieh!‹« Die hl. Thérèse von Lisieux, so fuhr Papst Franziskus fort, »hat uns gelehrt, dass es angesichts einiger Versuchungen manchmal der einzige Ausweg ist, die Flucht zu ergreifen, sich nicht zu schämen, die Flucht zu ergreifen, zuzugeben, dass wir schwach sind und dass wir fliehen müssen«.

Das zweite Verhalten kann auch aus der Erzählung von Lots Flucht abgeleitet werden. »Der Engel«, so erinnerte der Papst, »sagt, man solle nicht nach hinten schauen: ›Flieh und sieh dich nicht um, geh weiter.‹ Auch hier haben wir es mit einem Rat zu tun, um unsere Nostalgie nach der Sünde zu überwinden.« Ein Rat, der im Wort Gottes oft vorkommt. Der Heilige Vater führte als Beispiel etwa die Flucht des Volkes Gottes in die Wüste an: Es hatte alles, es konnte sich auf die Verheißungen stützen, die ihm der Herr gemacht hatte, es wusste, dass es gleichwohl Mühsal auf sich nehmen musste, um weiterzugehen, aber es war sich auch der ständigen Gegenwart des Herrn an seiner Seite bewusst. Und trotzdem hatten sie immer noch Heimweh nach den »Zwiebeln Ägyptens« und vergaßen, dass sie diese Zwiebeln »am Tisch der Knechtschaft« zu essen pflegten. Aber in diesem Augenblick sei das Heimweh so stark gewesen, dass sie alles außer den Zwiebeln vergessen hätten. »Der Rat des Engels«, so betonte der Papst, »ist weise: nicht zurückschauen. Geh weiter!« Und an diesem Punkt sagte der Papst zu den Anwesenden: »Wir haben den Herrn in dem Gebet, das wir vor dem Beginn der Messe gesprochen haben, um die Gnade gebeten, uns nicht in die Dunkelheit des Irrtums fallen zu lassen: ›Herr, lass uns nicht hineinfallen‹; dabei wird die Flucht uns helfen.«

Die dritte Verhaltensweise, über die Papst Franziskus sprach, ist diejenige der Angst. Der Bezugspunkt hierfür ist die im *Matthäusevangelium* (8,23–27) erzählte biblische Begebenheit von dem Schiff, auf dem sich die Apostel befanden und das unversehens in einen Sturm kam. »Das Boot wurde von den Wellen überflutet«, erinnerte der Papst. »›Herr, rette uns, wir gehen zugrunde‹, sagen sie. Auch die Angst ist eine Versuchung des Teufels. Sich davor fürchten, auf dem Weg des Herrn weiterzugehen.« Man komme dann an den Punkt, wo man es vorziehe, stehen zu bleiben, auch wenn man von der Knechtschaft erdrückt werde, weil man sich davor fürchte, weiterzugehen: »›Ich fürchte mich davor, wohin mich der Herr bringen wird.‹ Die Angst ist ein schlechter Ratgeber. Jesus hat es oftmals gesagt: ›Habt keine Angst.‹ Die Angst hilft uns nicht«, sagte der Papst.

Die vierte Verhaltensweise bezieht sich auf die Gnade des Heiligen Geistes, die sich manifestiert, »als Jesus auf dem See die große Windstille eintreten lässt. Und alle staunen.« Angesichts der Sünde, angesichts der Nostalgie, der Angst muss man »den Herrn ansehen«, betonte der Papst, »den Herrn kontemplieren, indem man jenes »wunderschöne Staunen einer neuen Begegnung mit dem Herrn« verspürt. »›Herr, ich habe Angst ...‹, aber dann haben die Jünger den Herrn angeschaut: ›Rette uns, Herr, wir gehen zugrunde.‹ Und da kam das Staunen über die neue Begegnung mit Jesus. Wir sind nicht etwa einfältig, noch laue Christen: Wir sind tapfer, mutig. Ja, wir sind nicht schwach, aber wir müssen in unserer Schwachheit mutig sein.«

*Dienstag, 2. Juli 2013*


## Die Wundmale berühren, um Jesus zu bekennen

Wir müssen aus uns herauskommen und auf die Straßen der Menschen gehen, um zu entdecken, dass die Wundmale Jesu auch heute noch am Körper all jener Brüder sichtbar sind, die Hunger und Durst leiden, die nackt, erniedrigt und geknechtet sind, die sich im Gefängnis oder im Krankenhaus befinden. Und gerade durch die Berührung und Liebkosung dieser Wunden wird es uns möglich, »den lebendigen Gott mitten unter uns anzubeten«.

Der dem hl. Apostel Thomas geweihte Festtag bot Papst Franziskus die Gelegenheit, wieder auf eine Vorstellung zurückzukommen, die ihm ganz besonders am Herzen liegt: die Finger in die Wunden Jesu legen. So war die Geste des hl. Thomas, der die Finger in die Wundmale des auferstandenen Jesus legt, das zentrale Thema der Predigt, die der Papst im Verlauf der Messe hielt, die er am Mittwoch, 3. Juli, in der Kapelle der »Domus Sanctae Marthae« feierte. ...

Im Anschluss an die Schriftlesungen (*Eph* 2,19–22; *Psalm* 117; *Joh* 20,24–29) befasste sich der Papst vor allem mit dem unterschiedlichen Verhalten der Jünger, »als Jesus sich nach der Auferstehung wieder sehen ließ«: Einige von ihnen seien glücklich und fröhlich gewesen, andere hätten gezweifelt. Auch Thomas, dem sich der Herr erst acht Tage nach jener Erscheinung gezeigt habe, sei misstrauisch gewesen. »Der Herr«, sagte der Papst, indem er diese Verzögerung erläuterte, »weiß, wann und weshalb er was tun muss. Er lässt jedem so viel Zeit, wie er es für angebracht hält.« Dem hl. Thomas habe er acht Tage gewährt; und er habe gewollt, dass auf seinem Körper noch die Wundmale zu sehen waren, obwohl er »rein, wunderschön und voller Licht« gewesen sei, eben deshalb, weil der Apostel, wie der Papst erinnerte, gesagt hatte, dass er nicht glauben werde, bis er nicht seinen Finger in die Wunden des Herrn habe legen können. »Er war ein Dickkopf! Aber der Herr«, kommentierte der Papst, »wollte gerade einen Dickkopf, um uns dabei zu helfen, etwas noch Größeres zu verstehen. Thomas sah den Herrn, er wurde dazu aufgefordert, seinen Finger in die von den Nägeln verursachten Wunden zu legen, seine Hand in die Wunde an seiner Seite zu legen. Aber dann hat er nicht etwa gesagt: ›Es ist wahr, der Herr ist auferstanden‹. Nein. Er ist noch darüber hinausgegangen, er hat gesagt: ›mein Herr und mein Gott‹. Er ist der erste der Jünger, der das Bekenntnis zur Göttlichkeit Christi nach dessen Auferstehung ablegt. Und er hat ihn angebetet.«

Von diesem Bekenntnis her, so erläuterte der Bischof von Rom, verstehe man dann, was die Absicht gewesen sei, die der Herr Thomas gegenüber im Sinn gehabt habe: Ausgehend von seiner Ungläubigkeit, habe er ihn nicht etwa dazu gebracht, die Auferstehung zuzugeben, sondern vielmehr seine Göttlichkeit. »Und Thomas«, sagte der Papst, »betet den Sohn Gottes an. Aber um anzubeten, um Gott zu finden, den Sohn Gottes, musste er den Finger in die Wundmale legen, seine Hand in seine offene Seite stecken. Das ist der Weg.« Es gebe keinen anderen.

Natürlich »gab es im Lauf der Geschichte der Kirche einige Fehler«, fuhr der Papst fort, »die auf dem Weg zu Gott hin begangen wurden. Einige dachten, dass man den lebendigen Gott, den Gott der Christen« finden könne, indem man »noch höher gehe in der Kontemplation«. Aber das sei »gefährlich; wie viele verirren sich auf diesem Weg und kommen nicht ans Ziel?«, sagte der Papst. »Ja, vielleicht gelangen sie zur Kenntnis Gottes, aber nicht zu derjenigen Jesu Christi, des Gottessohnes, der zweiten Person der Dreifaltigkeit«, präzisierte er.

»Zu ihm gelangen sie nicht. Das ist der Weg der Gnostiker: Das sind gute Menschen, sie mühen sich ab, aber das ist nicht der richtige Weg, er ist äußerst kompliziert« und führt an kein gutes Ziel. Andere hingegen, fuhr der Papst fort, »dachten, wir müssten, um zu Gott zu gelangen, gut sein, uns kasteien und streng sein, und sie haben den Weg der Buße, nichts als Buße, und das Fasten gewählt. Aber auch diese sind nicht zum lebendigen Gott, zu Jesus Christus, dem lebendigen Gott, gelangt.«

Das, fügte der Papst hinzu, »sind die Pelagianer, die glauben, dank ihrer Bemühungen ans Ziel kommen zu können. Aber Jesus sagt Folgendes zu uns: ›Wir haben Thomas auf dem Weg gesehen.‹ Aber wie kann ich heute noch die Wunden Jesu finden? Ich kann sie nicht so sehen, wie sie Thomas gesehen hat. Die Wundmale Jesu findest du, wenn du Werke der Barmherzigkeit vollbringst, wenn du dem Körper, dem Körper und auch der Seele deines mit Wunden übersäten Bruders etwas gibst, weil er hungert, weil er dürstet, weil er nackt ist, weil er erniedrigt ist, weil er geknechtet ist, weil er im Gefängnis ist, weil er im Krankenhaus ist. Das sind in unseren Tagen die Wundmale Jesu. Und Jesus erwartet von uns, dass wir durch diese Wundmale einen Akt des Glaubens an ihn ablegen.«

Es reicht nicht aus, so fügte der Papst noch hinzu, »eine Stiftung zu gründen, um allen Menschen zu helfen«, noch reiche es, »viel Gutes zu tun, um ihnen zu helfen«. All das sei zwar wichtig, aber es sei nichts weiter als das Verhalten von Philanthropen. Dagegen, sagte Papst Franziskus, »müssen wir die Wundmale Jesu anfassen, wir müssen die Wundmale Jesu liebkosen. Wir müssen die Wunden Jesu mit Zärtlichkeit heilen. Wir müssen die Wunden Jesu im ganz wörtlichen Sinne küssen.«

Er erinnerte daran, dass das Leben des hl. Franziskus von dem Augenblick an völlig anders geworden sei, als er den Aussätzigen berührt habe, weil er da »den lebendigen Gott berührt hat und sein Leben in Anbetung verbracht hat«. »Jesus erwartet von uns«, schloss der Papst, »dass wir mit unseren

Werken der Barmherzigkeit das tun, worum der hl. Thomas gebeten hatte: in die Wundmale hineingehen«.

*Mittwoch, 3. Juli 2013*

## DIE FREIHEIT DER KINDER GOTTES

Wenn es einen »Personalausweis« für Christen gäbe, dann wäre dort sicherlich die Freiheit als ein unveränderliches Kennzeichen eingetragen. Die Freiheit der Kinder Gottes, so erklärte Papst Franziskus in seiner Predigt im Verlauf der Messe, die er am Donnerstag, 4. Juli, in der Kapelle der »Domus Sanctae Marthae« feierte, sei die Frucht der Versöhnung mit dem Vater, die Jesus, der die Sünden aller Menschen auf sich genommen und die Welt durch seinen Tod am Kreuz erlöst hat, bewirkt habe. Niemand, so erläuterte der Papst, könne uns dieser Identität berauben. ...

Die Meditation des Heiligen Vaters basierte auf der Passage aus dem *Matthäusevangelium* (9,1–8), in dem über das Wunder der Heilung des Gelähmten berichtet wird. Der Papst ging auf die Gefühle ein, die das Gemüt des Behinderten erbeben lassen mussten, als er, der auf einer Bahre gebracht worden war, Jesus sagen hört: »Hab Vertrauen, mein Sohn, deine Sünden sind dir vergeben.«

Die Menschen, die in diesem Augenblick in der Nähe Jesu waren und seine Worte hörten, »haben gesagt: ›Er lästert Gott, einzig und allein Gott kann die Sünden vergeben.‹ Und Jesus fragte sie, damit sie es besser verstünden: ›Was ist leichter, die Sünden zu vergeben oder zu heilen?‹ Und er hat ihn geheilt. Der hl. Petrus sagt: Jesus ging vorüber und tat Gutes, indem er alle heilte, er heilte sie, er heilte alle.« »Aber Jesus«, fuhr der Bischof von Rom fort, »war, wenn er einen Kranken heilte, nicht nur ein Heiler. Wenn er die Menschen lehrte, wir denken etwa an die Seligpreisungen, dann war er nicht nur ein Katechist, ein Moralprediger. Wenn er die Heuchelei der Pharisäer und Sadduzäer anprangerte, war er kein Revolutionär, der die Römer verjagen wollte. Nein, diese Dinge, die Jesus tat – das Heilen, die Lehre, die kräftigen Worte gegen die Heuchelei –, waren nur ein Zeichen, ein Zeichen für etwas Größeres, das Jesus tat: die Vergebung der Sünden.«

Die Welt im Namen des Vaters in Christus zu versöhnen: »das ist die Sendung Jesu. Alles andere, die Heilungen, die Lehre, der Tadel sind weiter nichts als sichtbare Zeichen jenes tieferen Wunders, das die Neu-Schöpfung der Welt darstellt. Ein schönes Gebet der Kirche lautet: ›O Herr, der du die Welt so wunderbar geschaffen hast, du hast sie auf noch viel wunderbarere Weise erlöst, du hast sie neu geschaffen.‹« Die Versöhnung sei folglich die

Neu-Schaffung der Welt, und die tiefste Sendung Jesu bestehe in der Errettung von uns Sündern. Und der Papst fügte hinzu: »Jesus tut das nicht durch Worte noch durch Gesten noch dadurch, dass er über die Straßen zieht, nein! Er tut es durch sein Fleisch. Es ist gerade er, Gott, der einer von uns wird, ein Mensch, um uns von innen her zu heilen.«

Aber, so fragte sich der Papst, »kann man sagen, dass Jesus ein Sünder geworden sei? So ist es gerade nicht, denn er konnte nicht sündigen. Der hl. Paulus spricht genau das richtige Wort: Er ist nicht Sünder geworden, er ist Sünde geworden (vgl. *2 Kor* 5,21). Er hat alle Sünde der Welt auf sich genommen. Und das ist schön, das ist die neue Schöpfung«, das ist »Jesus, der aus der Herrlichkeit herabsteigt und sich erniedrigt bis zum Tod, bis zum Tod am Kreuz. Das ist seine Herrlichkeit und das ist unser Heil. Und das Kreuz wird am Ende zur Sünde (vgl. *2 Kor* 5,21).«

Unter Verweis auf die erste Schriftlesung der Messe, die dem Buch *Genesis* entnommen war (22,1–19), erinnerte der Papst dann daran, dass – während Abraham sofort seinem Sohn Isaak antwortete, als dieser ihn vor dem Feuer für das Brandopfer anrief – der Vater, als Jesus ihn anspricht, »nicht antworten wird. Und er [Jesus] wird darauf nur sagen: ›Vater, warum hast du mich verlassen?‹« Jesus »ist Sünde geworden, um uns frei zu machen (vgl. *2 Kor* 5,21)«, das »ist das allergrößte Wunder«, durch das Jesus uns zu Kindern Gottes gemacht und uns die Freiheit von Kindern gegeben habe. Und gerade deshalb »dürfen wir sagen: ›Vater‹. Sonst hätten wir das niemals sagen können.«

»Das«, so fügte der Papst hinzu, »ist das große Wunder Jesu. Er hat uns Knechte der Sünde frei gemacht«, er habe uns geheilt. »Es wird uns guttun, hieran zu denken«, fügte er hinzu, »und daran zu denken, dass es sehr schön ist, jemandes Kind zu sein. Diese Freiheit der Kinder ist sehr schön, weil ein Sohn zu Hause ist. Jesus hat uns die Türen des Hauses geöffnet, jetzt sind wir zu Hause. Jetzt kann man dieses Wort Jesu verstehen: ›Mut, mein Sohn, deine Sünden sind dir vergeben.‹ Hier sitzt die Wurzel unseres Mutes: Ich bin frei, ich bin sein Kind, der Vater liebt mich, und ich liebe den Vater. Bitten wir den Herrn um die Gnade, dieses sein Werk gut zu verstehen.«

Gott »hat in Christus die Welt mit sich versöhnt«, schloss er, »indem er uns das Wort der Versöhnung anvertraut hat. Und die Gnade, mit aller Kraft, mit der Freiheit der Kinder, dieses Wort der Versöhnung weiterzutragen. Wir sind in Jesus Christus erlöst«, und niemand könne uns jemals dieser Gnade berauben.

*Donnerstag, 4. Juli 2013*

Sich leiten lassen von der Barmherzigkeit Jesu; ein Fest mit ihm feiern; die »Erinnerung« an jenen Augenblick lebendig halten, in dem wir in unserem Leben der Erlösung begegnet sind. Das ist die dreifache Aufforderung, die aus der Reflexion hervorgegangen ist, die Papst Franziskus im Verlauf der Messe vorgetragen hat, welche er am Freitag, 5. Juli, in der Kapelle der »Domus Sanctae Marthae« feierte. … In seiner Predigt kommentierte der Papst die Passage aus dem *Matthäusevangelium* (9,9–13), in welcher der Evangelist, der Zöllner, den Jesus beruft, um einer der Zwölf zu werden, über seine eigene Bekehrung berichtet.

Die Botschaft, die Jesus übermitteln will, erklärte der Papst, ist »aus der Tradition des Volkes Israel« übernommen. Eine prophetische Botschaft, mit deren Verständnis sich das Volk aber immer schwergetan hat: »Ich will Barmherzigkeit, keine Opfer.« In der Tat ist unser Gott der Gott der Barmherzigkeit. Gerade der Geschichte des Matthäus lasse sich das gut entnehmen, erklärte Papst Franziskus, denn diese »ist kein Gleichnis«: Sie ist tatsächlich eine historische Tatsache, »sie hat sich zugetragen«.

Papst Franziskus erinnerte an das Bild Jesu, der sich »bei denen, die die Steuergelder einkassierten und diese dann zu den Römern brachten«, aufhielt.

Diese Leute, so hob er hervor, galten als anrüchig, weil sie »zweifache Sünder waren: Sie hingen sehr am Geld, und sie waren Vaterlandsverräter.« Einer von ihnen war Matthäus, »der Mann, der an dem Tisch saß, an dem die Steuer entrichtet werden musste«. Jesus schaut ihn an, und dieser Blick lässt ihn in seinem Inneren »etwas Neues, etwas, das er nicht kannte«, verspüren. »Jesu Blick«, erklärte der Heilige Vater, lässt ihn »ein innerliches Staunen« verspüren; er lässt ihn »die Aufforderung Jesu, ihm nachzufolgen«, wahrnehmen. Und genau in diesem Augenblick wird Matthäus »voll der Freude«. Kurzum – so kommentierte der Papst, indem er auf ein berühmtes Gemälde von Caravaggio hinwies – Matthäus »genügte ein einziger Augenblick, um zu verstehen, dass dieser Blick sein Leben auf immer verändert hatte«. In genau diesem Augenblick »sagt Matthäus Ja; er verlässt alles und geht zusammen mit dem Herrn weg. Das ist der Augenblick der erlebten und angenommenen Barmherzigkeit: Ich komme mit dir.«

Dem ersten Augenblick der Begegnung, die in »einer tiefen geistigen Erfahrung besteht«, folgt ein zweiter: derjenige des Festes. Die biblische Geschichte fährt in der Tat mit der Beschreibung Jesu fort, der mit den Zöllnern und Sündern bei »einem Fest« am Tisch sitzt, kommentierte Papst Franziskus, »mit all denen, die alles andere waren als die

Elite der Gesellschaft«, im Gegenteil, »sie waren der Abschaum der Gesellschaft«. Aber für den Papst ist das »die Widersprüchlichkeit bei Gottes Fest: Der Herr feiert mit den Sündern«, während er das mit den Gerechten kaum tut. Im Hinblick darauf erinnerte der Papst an Kap. 15 des *Lukasevangeliums,* wo ganz klar gesagt wird, dass im Himmel mehr Freude sei über einen bekehrten Sünder als über 99 Gerechte, die der Bekehrung bedürfen. Und weiter hinten im selben Kapitel wird über den Vater berichtet, der aus Anlass der Heimkehr des sündigen Sohnes ein Fest feiert. Aus diesem Grunde ist das Fest für Papst Franziskus »sehr wichtig«, da man die Begegnung mit Jesus feiert, die Barmherzigkeit Gottes: »Er schaut mit Barmherzigkeit, verändert unser Leben und feiert.«

Aber das Leben ist kein ununterbrochenes Fest. Papst Bergoglio weiß das nur allzu gut; er war in seiner langen seelsorgerischen Erfahrung als Priester und Bischof, wie er im Verlauf des Gottesdienstes den Anwesenden anvertraute, oft gefragt worden: »Vater, wird nach diesen beiden Momenten – dem Staunen über die Begegnung und dem Fest – das ganze Leben ein einziges Fest sein?« Die Antwort, so sagte der Papst, sei »nein«, weil »das Fest darin besteht, einen neuen Weg einzuschlagen«, dann aber müsse »die alltägliche Arbeit« folgen, »die genährt werden muss aus der Erinnerung an jene erste Begegnung«. Gerade so, wie es im Leben des Matthäus geschehen sei, der »diese Arbeit getan hat«, indem er »ging, um das Evangelium zu verkündigen«. In diesem Fall, so erläuterte Papst Franziskus, handelt es sich nicht »um einen Augenblick«: Es handelt sich um »eine Zeit«, die sich »bis ans Ende des Lebens« erstreckt.

Aber, so fragte sich der Papst, woran soll man sich erinnern? Genau »an jene Ereignisse, an jene Begegnung mit Jesus, die mein Leben verändert hat, der barmherzig gewesen ist, der sehr gut zu mir war«, so lautete die Antwort, »und der auch zu mir gesagt hat: Lade deine sündigen Freunde ein, weil wir ein Fest feiern«. In der Tat gibt die Erinnerung an diese Barmherzigkeit und an dieses Fest »dem Matthäus und all den anderen Kraft«, die beschlossen hätten, Christus nachzufolgen, »um weiterzugehen«. Daran, so fügte der Papst hinzu, solle man sich immer erinnern, genau so, wie man auf die glühenden Holzscheite blase, um das Feuer am Leben zu erhalten.

Indem er wieder an sein Thema anknüpfte, unterstrich der Heilige Vater »zwei Augenblicke und eine Zeit: den Augenblick der Begegnung, in dem Matthäus von Jesus mit jenem Blick der Barmherzigkeit angeschaut wird, und den Augenblick des Festes aus Anlass des Anfangs eines neuen Weges; sowie die Zeit der Erinnerung, der Erinnerung an diese Tatsachen«. Auch deshalb, weil die gesamte Predigttätigkeit Christi darin bestanden habe, »durch die Straßen zu gehen auf der Suche nach Armen und Kranken«, um »mit ihnen zu feiern«. Ein Fest, das er auch auf die Sünder habe ausdehnen wollen, was ihm viel Kritik eingetragen habe. Aber seine Antwort sei uns bekannt: »Darum lernt, was es heißt: ›Barmherzigkeit will ich, nicht Opfer.‹ Denn ich bin nicht gekommen, um die Gerechten zu rufen, sondern die Sünder.« Papst Franziskus schloss: das heiße so viel wie »der, der sich für einen Gerechten hält, der soll ruhig in seinem eigenen Saft schmoren. Er ist für uns Sünder gekommen.«

*Freitag, 5. Juli 2013*

## FURCHTLOSE ERNEUERUNG

Papst Franziskus sprach im Verlauf der heiligen Messe in »Santa Marta«, die er am Samstag, 6. Juli, in Gegenwart von Gruppen vatikanischer Angestellter feierte – der letzten vor der Sommerpause –, die Aufforderung aus, sich vom Heiligen Geist erneuern zu lassen, keine Angst vor dem Neuen zu haben und die Erneuerung im Leben der Kirche nicht zu fürchten. In seiner Auslegung der Schriftlesung des Tages (*Mt* 9,14–17) legte der Papst den Schwerpunkt auf den Geist der Erneuerung, der Jesus beseelte. »Jesus sagte beispielsweise«, so merkte er an: »›Das Gesetz erlaubt es, den Feind zu hassen: ich aber sage euch, betet für den Feind, hasst nicht.‹« Eine Regel, die er auch bei den Dingen anwandte, die ihm nicht gerecht erschienen.

Da gibt es beispielsweise, wie die Passage aus der Schriftlesung erzählt, die Frage des Fastens. »Jesus«, so erläuterte der Papst, »riet zum Fasten, aber doch mit einer gewissen Freiheit. In der Tat stellten einige Jünger des Johannes die Frage: Weshalb haben wir gefastet und deine Jünger tun es nicht?« Tatsache ist, dass »die Lehre des Gesetzes mit Jesus angereichert, erneuert wird. Jesus macht alle Dinge neu, erneuert die Dinge.« Im Übrigen »sagt Jesus selbst: ›Ich mache alles neu.‹ Als ob seine Berufung darin bestehe, alles zu erneuern. Und das ist das Reich Gottes, das Jesus verkündigte. Es ist eine Erneuerung, eine wirkliche Erneuerung. Und diese Erneuerung findet zuallererst in unserem Herzen statt.«

Jene, die meinen, das Leben eines Christen bestehe ausschließlich darin, eine Reihe von Geboten zu befolgen, erinnerte Papst Franziskus daran, dass »Christ-Sein bedeutet, sich von Jesus in einem neuen Leben erneuern zu lassen«. Er präzisierte, dass es, um ein guter Christ zu sein, »nicht ausreicht, zu sagen: ›Ich gehe jeden Sonntag von 11 bis 12 Uhr in die Messe und tue dieses und jenes‹, als ob es eine Sammlung von Dingen sei. Das Christenleben ist keine Collage von Dingen. Es ist eine harmonische Gesamtheit, ein Werk des Heiligen Geistes. Er erneuert alles. Er erneuert unser Herz, unser Leben und lässt uns in einem anderen Stil leben«, der alles umfasst. »Man kann nicht Teilzeit- oder Part-Time-Christ sein«, sagte der Papst. Part-Time-Christ sein ist nicht in Ordnung«, man muss Christ sein »im allumfassenden Sinn und die ganze Zeit«.

Christ sein »heißt nicht, bestimmte Dinge zu tun«, wiederholte der Bischof von Rom. »Es bedeutet vielmehr, dass man sich vom Heiligen Geist erneuern lässt. Ja, oder um die Worte Jesu zu gebrauchen, es heißt, ein neuer Wein zu werden. Die Neuheit des Evangeliums ist eine Neuheit innerhalb des Gesetzes selbst, die in die Heilsgeschichte eingeführt wurde«.

Und es handle sich um eine Neuheit, die über unsere Person hinausgehe »und die die Strukturen erneuert. Deshalb sagt Jesus: ›Für den neuen Wein benötigt man neue Schläuche.‹ Im christlichen Leben, wie auch im Leben der Kirche, gibt es vergängliche Strukturen. Es ist erforderlich, dass sie erneuert werden. Die Kirche hat stets auf den Dialog mit den Kulturen Rücksicht genommen« und versuche, sich zu erneuern, um den unterschiedlichen Anforderungen zu genügen, die durch Ort, Zeit und Menschen an sie gestellt werden. Das sei eine Arbeit, »die die Kirche immer gemacht hat, vom ersten

Augenblick an. Erinnern wir uns an die erste theologische Auseinandersetzung: Muss man, um Christ zu werden, alle religiösen jüdischen Gebote befolgen, oder nicht? Nein, sie haben nein gesagt.«

Auch die Heiden könnten der Kirche beitreten und die Taufe erhalten, erklärte der Papst. Die Kirche, so fügte er hinzu, habe immer auf diese Art weitergemacht und habe es dem Heiligen Geist überlassen, die Strukturen zu erneuern. Und sie habe gelehrt, »keine Angst vor der Neuheit des Evangeliums zu haben, keine Angst vor der Neuerung zu haben, die der Heilige Geist in uns bewirkt, keine Angst vor der Erneuerung der Strukturen zu haben. Die Kirche ist frei. Der Heilige Geist treibt sie an. Das ist es, was Jesus uns heute im Evangelium lehrt: die notwendige Freiheit, um stets die Neuheit des Evangeliums in unserem Leben zu finden, ebenso wie in den Strukturen. Die Freiheit, neue Schläuche für diese Neuheit zu suchen. Der Christ ist ein freier Mann oder eine freie Frau, mit dieser Freiheit Christi. Er ist kein Knecht der Gewohnheiten, der Strukturen.« Wer diese Neuerungen vorantreibe, so fuhr der Papst fort, sei von alters her der Heilige Geist.

Der Papst erinnerte dann an den Pfingsttag, wobei er die Gegenwart Marias an der Seite der Apostel betonte. »Da, wo die Mutter ist, da sind die Kinder in Sicherheit«, und zum Abschluss seiner Predigt forderte der Bischof von Rom dazu auf, »um die Gnade zu bitten, keine Angst zu haben vor der Neuheit des Evangeliums, keine Angst zu haben vor der Neuerung, die der Heilige Geist bewirkt, keine Angst davor zu haben, einbruchgefährdete Strukturen einstürzen zu lassen, die uns gefangen halten. Und wenn wir Angst haben, dann wissen wir, dass die Mutter bei uns ist.«

Wie die Kinder zu tun pflegen, die sich in die Arme ihrer Mutter flüchten, so »gehen auch wir zu ihr, wenn wir ein wenig Angst haben. Und sie, wie die älteste Antiphon schon sagt, ›beschützt uns mit ihrem Mantel, mit ihrem mütterlichen Schutz‹«.

*Samstag, 6. Juli 2013*

## DIE BEDROHUNG DURCH DEN KLATSCH

Die Zunge, der Klatsch, die üble Nachrede sind Waffen, die die menschliche Gemeinschaft Tag für Tag untergraben, indem sie Neid, Eifersucht und Machtgier säen. Mit ihrer Hilfe kann man es sogar fertigbringen, einen Menschen zu töten. Deshalb heißt von Frieden reden auch daran denken, wie viel Leid man mit der Zunge anrichten kann.

Diese tiefgehende Reflexion legte Papst Franziskus in seiner Predigt während der Messe vor, die er in der Kapelle der »Domus Sanctae Marthae« feierte, eine Gewohnheit, die er am 2. September wieder aufgenommen hat. Der Papst ging aus von der Erzählung der Rückkehr Jesu nach Nazaret, wie sie bei Lukas wiedergegeben ist (4,16–30), in einer der »dramatischsten« biblischen Geschichten, in der man, wie der Papst sagte, »sehen kann, wie unsere Seele veranlagt ist« und dass der Wind sie von einer Seite zur anderen wenden kann. In Nazaret, so erläuterte der Papst, »warteten alle auf Jesus. Sie wollten ihm begegnen. Und er kam, um seine Mitbürger zu besuchen. Er kam erstmals in seine Stadt zurück. Und sie erwarteten ihn, weil sie von all dem gehört hatten, was Jesus in Kafarnaum getan hatte, von den Wundern. Und als wie üblich der Gottesdienst beginnt, da bitten sie den Gast darum, die Schriftlesung vorzunehmen. Jesus tut das und liest das Buch des Propheten Jesaja, das ein wenig eine Prophezeiung über ihn selbst war, und deshalb beendet er die Lesung mit den Worten ›Heute hat sich das Schriftwort, das ihr eben gehört habt, erfüllt.‹«

Die erste Reaktion, so erläuterte der Papst, war wunderschön, alle wussten ihn zu würdigen. Dann aber begann sich in die Seele von jemandem der Wurm des Neides einzuschleichen, und er fing an zu sagen: »Aber wo hat dieser studiert? Ist das nicht der Sohn Josefs? Und wir kennen seine ganze Verwandtschaft. Aber auf welcher Hohen Schule hat er studiert?« Und sie fingen damit an, zu fordern, dass er für sie ein Wunder vollbringe: Erst dann hätten sie ihm geglaubt. »Sie«, so führte der Papst aus, »wollten das Spektakel: ›Vollbringe ein Wunder und dann werden wir an dich glauben.‹ Aber Jesus ist kein Schausteller.« Jesus vollbrachte in Nazaret keine Wunder. Stattdessen betonte er die Kleingläubigkeit derer, die ein »Spektakel« von ihm wollten. Diese, so bemerkte Papst Franziskus, »wurden sehr wütend, sie sprangen auf und trieben Jesus bis an den Abhang des Berges, um ihn hinabzustürzen und zu töten«. Das, was so freudig angefangen hatte, drohte, mit einem Verbrechen zu enden, mit der Tötung Jesu »aus Eifersucht, aus Neid«. Aber es handelt sich hierbei keineswegs nur um ein Ereignis, das sich vor 2000 Jahren zugetragen hat, so hob der Bischof von Rom hervor. »Das geschieht Tag für Tag«, sagte er, »in unserem Herzen, in unseren Gemeinschaften«, jedes Mal dann, wenn man jemanden aufnimmt, am ersten Tag gut über ihn spricht und dann zunehmend immer schlechter, bis man bei so übler Nachrede endet, dass man ihn fast »häutet«. Wer in einer Gemeinschaft zum Nachteil eines Bruders klatscht, endet damit, »ihn töten zu wollen«, betonte der Papst. »Der Apostel Johannes«, so erinnerte der Papst, »sagt uns im ersten Brief, Kap. 3, V. 15, Folgendes: ›Jeder, der seinen Bruder hasst, ist ein Mörder.‹« Und der Papst fügte unverzüglich hinzu: »Wir sind daran gewöhnt, zu klatschen, uns den Mund zu zerreißen«, und häufig verwandeln wir unsere Gemeinschaften und auch unsere Familien in eine »Hölle«, in der sich diese Form des Verbrechens manifestiert, die dazu führt, »den Bruder und die Schwester mit der Zunge zu töten«. »Die Bibel«, fuhr der Papst fort, »sagt, dass der Teufel aus Neid in die Welt gekommen ist. Eine Gemeinschaft, eine Familie werden von diesem Neid zerstört, den der Teufel unsere Herzen lehrt und der dafür sorgt, dass einer schlecht über den anderen redet.« Und unter Verweis auf die Ereignisse dieser Tage betonte er zudem, dass wir auch an unsere Alltagswaffen denken sollen: »die Zunge, das Geschwätz, den Klatsch«.

Wie soll man also eine Gemeinschaft aufbauen, fragte sich der Papst. So, »wie im Himmel«, antwortete er; so, wie das Wort Gottes verkündigt: »Es ertönt die Stimme des Erzengels, der Schall der Posaune des Herrn, der Tag der Auferstehung.«

Und danach heißt es: »und so werden wir immerfort beim Herrn sein«. Folglich, »damit in einer Gemeinschaft, in einer Familie, in einem Land, auf der Welt Frieden herrsche, müssen wir damit anfangen, beim Herrn zu sein. Und wo der Herr ist, da gibt es weder Neid noch Verbrechen noch Eifersucht. Da herrscht Brüderlichkeit. Bitten wir den Herrn hierum: nie den Nächsten mit unserer Zunge töten, und beim Herrn zu sein, so, wie wir alle es im Himmel sein werden.«

*Montag, 2. September 2013*

Demut, Milde, Liebe und die Erfahrung des Kreuzes sind die Waffen, mit denen der Herr das Böse besiegt. Und das Licht, das Jesus in die Welt gebracht hat, überwindet die Blindheit des Menschen, der oft vom falschen Licht der Welt geblendet wird, das zwar stark ist, aber auch täuscht. Es ist unsere Aufgabe, zu unterscheiden, welches das Licht ist, das von Gott kommt. Das ist der Sinn der Reflexion, die Papst Franziskus am Dienstag, 3. September, im Verlauf der heiligen Messe anstellte, die er in der Kapelle der »Domus Sanctae Marthae« feierte.

Bei seiner Auslegung der ersten Schriftlesung hielt der Heilige Vater bei dem »schönen Wort« inne, das der hl. Paulus an die Thessalonicher richtet: »Ihr aber, Brüder, lebt nicht im Finstern … Ihr alle seid Söhne des Lichts und Söhne des Tages. Wir gehören nicht der Nacht und nicht der Finsternis« (*1 Thess* 5,1–6.9–11). Es ist klar, erläuterte der Papst, was der Apostel sagen will: »Die Identität des Christen ist die Identität des Lichts, nicht der Finsternis.« Und Jesus hat dieses Licht in die Welt gebracht. »Der hl. Johannes«, so präzisierte Papst Franziskus, »sagt uns im ersten Kapitel seines Evangeliums, ›das Licht kam in die Welt‹: er, Jesus«. Ein Licht, »das von der Welt nicht geliebt wurde«, das uns aber trotzdem »rettet vor der Finsternis, vor der Finsternis der Sünde«.

Heute, so fuhr der Papst fort, meint man, es sei möglich, dieses Licht, das die Finsternis durchbricht, mit Hilfe wissenschaftlicher Entdeckungen und anderer Erfindungen des Menschen, mit denen »man alles wissen kann, Kenntnis von allem erhalten kann«, besitzen zu können. Aber »das Licht Jesu«, so warnte Papst Franziskus, »ist etwas völlig anderes. Es ist kein Licht der Unwissenheit, nein, nein! Es ist ein Licht der Weisheit, der Erfahrung; aber es ist etwas anderes. Das Licht, das uns die Welt anbietet, ist ein künstliches Licht. Vielleicht ist es stark, stärker als jenes von Jesus, ja? Stark wie ein Feuerwerk, wie das Blitzlicht in der Fotografie. Das Licht Jesu hingegen ist ein mildes Licht, es ist ein ruhiges Licht, es ist ein Licht des Friedens. Es gleicht dem Licht der Weihnachtsnacht: Es ist anspruchslos.

So ist es: Es bietet sich an und gibt Frieden. Das Licht Jesu ist nicht spektakulär; es ist ein Licht, das von Herzen kommt. Es ist wahr, dass der Teufel – und das sagt der hl. Paulus – oft in der Verkleidung eines Engels des Lichts daherkommt. Es macht ihm Spaß, das Licht Jesu zu imitieren. Er gibt sich gut und spricht so zu uns, mit ruhiger Stimme, so wie er nach dessen Fasten in der Wüste zu Jesus sprach: ›Wenn du Gottes Sohn bist, so tu dieses Wunder, stürz dich vom Tempel herab‹, gib ein Schauspiel! Und er sagt es auf ganz ruhige und deshalb täuschende Art.« Aus diesem Grund empfahl Papst Franziskus, »den Herrn inbrünstig um die Weisheit des Unterscheidungsvermögens zu bitten, um erkennen zu können, wann es Jesus ist, der uns das Licht schenkt, und wann es hingegen gerade der als Engel des Lichts verkleidete Dämon ist. Wie viele Menschen glauben doch, im Licht zu leben, während sie in der Finsternis sind und sich dessen nicht bewusst werden!«

Aber wie ist das Licht, das Jesus uns anbietet? »Wir können es erkennen«, erklärte der Heilige Vater, »weil es ein demütiges Licht ist. Es ist kein Licht, das sich aufdrängt, es ist demütig. Es ist ein mildes Licht, mit der Kraft der Milde; es ist ein Licht, das zum Herzen spricht und es ist auch ein Licht, das uns vom Kreuz geschenkt wird. Wenn wir in unserem inneren Licht milde Menschen sind, dann hören wir die Stimme Jesu im Herzen und schauen im Licht Jesu furchtlos auf das Kreuz.« Wenn wir uns hingegen von einem Licht blenden lassen, das uns das Gefühl der Sicherheit verleiht, das uns stolz fühlen lässt und uns dazu bringt, die anderen von oben herab anzuschauen, sie voller Hochmut zu verachten, dann befinden wir uns mit Sicherheit nicht in Gegenwart des »Lichtes Jesu«. Es handelt sich dann vielmehr »um das Licht des

Teufels, der sich als Jesus verkleidet hat«, sagte der Bischof von Rom, »als Engel des Lichts. Wir müssen stets unterscheiden: Da, wo Jesus ist, da sind immer Demut, Milde, Liebe und Kreuz. Tatsächlich werden wir niemals Jesus ohne Demut, ohne Milde, ohne Liebe und ohne das Kreuz antreffen. Er hat als Erster diesen Weg des Lichts geschaffen. Wir müssen ihm furchtlos folgen«, weil »Jesus die Kraft und die Autorität besitzt, um uns dieses Licht zu schenken«. Eine Kraft, die in der Bibelstelle beschrieben ist, die Gegenstand der heutigen Schriftlesung war, in der Lukas die Geschichte der Vertreibung des Dämons aus dem besessenen Mann in Kafarnaum berichtet (vgl. *Lk* 4,31–37).

»Die Menschen«, unterstrich der Papst in seinem Kommentar zur Lesung, »waren von Furcht ergriffen und, so sagt das Evangelium, fragten sich: ›Was ist das für ein Wort? Mit Vollmacht und Kraft befiehlt er den unreinen Geistern, und sie fliehen?‹ Jesus bedarf keines Heeres, um die Dämonen auszutreiben, er bedarf des Hochmuts nicht, er benötigt weder Kraft noch Stolz.«

Was ist das für ein Wort, »das mit Vollmacht und Kraft den unreinen Geistern befiehlt, und sie fliehen?«, fragte sich der Papst. »Es ist ein demütiges, ein mildes, ein liebevolles Wort«, so lautete seine Antwort. Es ist ein Wort, das uns in den Augenblicken des Leidens begleitet, die uns dem Kreuz Jesu näherbringen. »Bitten wir den Herrn darum«, so lautete die abschließende Aufforderung von Papst Franziskus, »dass er uns heute die Gnade seines Lichtes geben und uns lehren möge, zu unterscheiden, wann das Licht sein Licht ist und wann es ein künstliches Licht ist, das der Feind geschaffen hat, um uns zu täuschen.«

*Dienstag, 3. September 2013*

## ZUHÖREN, VERZICHT UND SENDUNG

Wenn der Herr durch unser Leben geht, dann sagt er immer ein Wort zu uns und gibt uns eine Verheißung. Aber er verlangt auch von uns, dass wir auf etwas verzichten und vertraut uns eine Sendung an. Daran erinnerte Papst Franziskus bei der Messe, die er am Donnerstag früh, 5. September, in der Kapelle der »Domus Sanctae Marthae« feierte. In seiner Auslegung der Geschichte vom »wunderbaren Fischfang«, die in einer Passage im *Lukasevangelium* (5,1–11) erzählt wird und die Gegenstand der Schriftlesung war, erinnerte der Papst an den hl. Augustinus, der »einen Satz wiederholt, der mich immer betroffen gemacht hat. Er sagt: ›Ich fürchte mich davor, dass der Herr vorübergeht.‹ Warum? ›Weil ich Angst habe, dass er vorbeikommt und ich es womöglich nicht bemerke.‹ Und der Herr geht durch unser Leben, so wie es hier geschehen ist, im Leben des Petrus, des Jakobus, des Johannes.«

In diesem Fall ist der Herr mit einem Wunder durch das Leben seiner Jünger gegangen. Aber, so machte der Papst klar, »nicht immer geht Jesus mit einem Wunder durch unser Leben«. Auch wenn, wie er hinzufügte, »er sich immer bemerkbar macht. Immer. Und wenn der Herr vorbeigeht, dann geschieht immer das, was hier geschehen ist: Er sagt etwas zu uns, er lässt uns etwas vernehmen, dann sagt er ein Wort zu uns, das eine Verheißung ist; er verlangt etwas, das zu unserer Art zu leben gehört, er verlangt, dass wir auf etwas verzichten, dass wir uns einer Sache entäußern. Und dann erteilt er uns einen Auftrag.«

Diese drei Aspekte von Jesu Durchgang durch unser Leben – er sagt uns »ein Wort, das eine Verheißung ist«, er verlangt »den Verzicht auf etwas«, er vertraut uns »einen Auftrag« an – sind in der angeführten Stelle bei Lukas gut vertreten. Der Heilige Vater wies vor allem auf die Reaktion des Petrus auf das Wunder Jesu hin: »Simon, der ein Sanguiniker war, ist zu ihm gegangen: ›Aber Herr, geh weg von mir; ich bin ein Sünder.‹ Das fühlte er tatsächlich, denn er war so veranlagt. Und was antwortet ihm Jesus darauf? ›Fürchte dich nicht!‹«

»Das ist ein schönes Wort, das oft wiederholt wird: ›Habt keine Angst, fürchtet euch nicht‹«, kommentierte der Papst und fügte hinzu: »Und dann, und das ist die Verheißung, sagt er zu ihm: ›Von jetzt an wirst du Menschen fangen!‹« Der Herr sagt uns, wenn er in unser Leben kommt, wenn er in unser Herz kommt, immer ein Wort und gibt uns eine Verheißung: ›Vorwärts, hab Mut, fürchte dich nicht: Du wirst dieses tun!‹« Das ist »eine Aufforderung, ihm nachzufolgen«. Und »wenn wir diese Einladung vernehmen und sehen, dass es in unserem Leben etwas gibt, das nicht in Ordnung ist, dann müssen wir das korrigieren« und müssen dazu bereit sein, alles, was es auch sei, zu verlassen, ganz großzügig. Selbst dann, präzisierte der Papst, wenn »es in unserem Leben etwas Gutes gibt, fordert uns Jesus dazu auf, es zurückzulassen und ihm aus größerer Nähe nachzufolgen. So wie es den Aposteln widerfahren ist, die alles aufgegeben haben, wie das Evangelium sagt: ›Und sie zogen die Boote an Land, ließen alles zurück und folgten ihm nach.‹«

Das christliche Leben besteht folglich »immer darin, dem Herrn nachzufolgen«. Aber um ihm nachfolgen zu können, muss man zuvor »hören, was er uns sagt«; und darauf muss man »alles verlassen, was wir in diesem Augenblick verlassen müssen, und ihm nachfolgen«. Und schließlich ist da dann die Sendung, mit der Jesus uns beauftragt. In der Tat »sagt er nie: ›Folge mir nach!‹, ohne dann diesen Auftrag zu erteilen. Er sagt immer: ›Verlasse alles und folge mir für diesen Auftrag nach.‹« Wenn wir folglich »den Weg Jesu gehen«, so erläuterte der Papst, »dann tun wir das, um etwas zu tun. Das ist der Auftrag.«

Das ist »eine Reihenfolge, die sich auch dann wiederholt, wenn wir gehen, um zu beten«. Tatsächlich betonte der Papst, »dass unser Gebet immer diese drei Augenblicke enthalten muss«. Am wichtigsten ist es, das Wort Jesu zu vernehmen, ein Wort, mit dem er uns den Frieden gibt und uns seiner Nähe versichert. Dann kommt der Augenblick unseres Verzichts: Wir müssen dazu bereit sein, »etwas zu verlassen: ›Herr, was willst du, das ich aufgebe, um dir näher zu sein?‹ Vielleicht sagt er uns das nicht gleich. Aber wir stellen die Frage, ganz großzügig.« Schließlich kommt der Augenblick der Sendung: Das Gebet hilft uns stets, zu verstehen, was wir »tun müssen«.

Das also ist, kurz gefasst, unser Gebet: »Den Herrn vernehmen, den Mut haben, auf etwas zu verzichten, das uns daran hindert, eilig hinzugehen und ihm nachzufolgen, und schließlich die Annahme der Sendung.« Das heißt nun keineswegs, dass man sich nicht Versuchungen stellen muss. Petrus, so erinnerte Papst Franziskus, hat schwer gesündigt, als er Jesus verleugnete. Aber dann hat ihm der Herr vergeben. Jakobus und Johannes haben gesündigt, indem sie Karriere machen wollten. Aber auch ihnen hat der Herr Vergebung gewährt. Es ist also wichtig, so zu beten, dass man diese drei Elemente im Auge behält.

»Wir können«, so schloss er, »die Apostel, die diese Dinge aus so großer Nähe erlebt haben, darum bitten, uns die Gnade zu gewähren, immer zu beten, indem wir versuchen, das Wort und die Verheißung Jesu zu vernehmen; den Wunsch zu verspüren, das zu verlassen, was uns daran hindert, Jesus ganz aus der Nähe nachzufolgen; und unser Herz zu öffnen, um seinen Auftrag zu erhalten.«

*Donnerstag, 5. September 2013*

## Die Gnade der Freude

Christ sein heißt, die Freude zu verspüren, ganz Christus anzugehören, »dem einzigen Bräutigam der Kirche«, und ihm so entgegenzugehen, wie man zu einem Hochzeitsfest geht. Die Freude und das Bewusstsein der Zentralstellung Christi sind also folglich die beiden Verhaltensweisen, welche die Christen im Alltag anwenden müssen. Daran erinnerte Papst Franziskus im Verlauf der Predigt der Messe, die er am Freitag, 6. September, in der Kapelle der »Domus Sanctae Marthae« feierte.

Papst Franziskus nahm die Anregung für seine Reflexion aus der in der Schriftlesung vorgetragenen biblischen Geschichte, in der der Evangelist Lukas die Auseinandersetzung zwischen Jesus, den Pharisäern und Schriftgelehrten über die Tatsache nacherzählt, dass seine Jünger essen und trinken, während alle anderen fasten (*Lk* 5,33–39). Der Papst erläuterte, was Jesus in seiner Antwort an die Schriftgelehrten verständlich machen will. Er präsentiert sich als Bräutigam: »Er ist der Bräutigam. Die Kirche ist die Braut. Und im Evangelium«, so präzisierte der Papst, »kommt dieses Bild immer wieder vor: die klugen Jungfrauen, die den Bräutigam mit brennenden Lampen erwarten; das Fest, das der Vater zur Hochzeit des Sohnes ausrichtet.« Mit seiner Antwort an die Schriftgelehrten, so führte der Papst aus, »sagt der Herr, dass man, wenn man der Bräutigam ist, nicht fasten kann, nicht traurig sein kann. Der Herr lässt uns hier sehen, dass das Verhältnis zwischen ihm und der Kirche wie eine Hochzeit ist.« »Daraus«, so erläuterte er, »leitet sich das tiefgründigste Motiv dafür ab, dass die Kirche das Sakrament der Ehe so sorgsam behütet. Und sie bezeichnet es als großes Sakrament, weil es das genaue Abbild der Verbindung Christi mit der Kirche ist.« Folglich spricht man, wenn von einer Hochzeit die Rede ist, »von einem Fest, von der Freude; und das zeigt uns Christen an, welch ein Verhalten an den Tag zu legen ist«: Wenn der Christ Jesus Christus findet und beginnt, dem Evangelium gemäß zu leben, dann soll der Christ das fröhlich tun. Fröhlich, »weil es ein großes Fest ist«.

Der Christ ist grundsätzlich ein fröhlicher Mensch. Um dieses Bild noch wirksamer auszumalen, erinnerte der Papst an die Geschichte des Wunders Jesu bei der Hochzeit von Kana. »Wo es keinen Wein gibt, da ist auch kein Fest. Stellen wir uns vor«, so sagte er, »wir müssten dieses Hochzeitsfest damit beenden, Tee oder Fruchtsaft zu trinken … Das geht nicht. Und die Muttergottes bittet um das Wunder.« Genauso ist das christliche Leben, das sich gerade durch diese »fröhliche, herzensfröhliche Einstellung« auszeichnet.

Natürlich, so fügte der Papst hinzu, »gibt es auch Augenblicke des Kreuzes, Augenblicke des Schmerzes, aber es herrscht doch stets dieses Gefühl eines tiefen Friedens. Weshalb? Weil man das christliche Leben wie ein Fest erlebt, wie die Hochzeit Jesu mit der Kirche.« Und an diesem Punkt erinnerte der Heilige Vater daran, dass die ersten christlichen Märtyrer das Martyrium auf sich genommen hätten, als gingen sie zur Hochzeit; auch in jenem Augenblick waren sie freudigen Herzens. »Folglich gleicht«, so wiederholte der Papst, »die erste Haltung des Christen, der Jesus begegnet, derjenigen der Kirche, die sich als Braut mit Christus vermählt«. »Und am Ende der Welt«, so fügte er hinzu, »wird das endgültige Fest stattfinden, wenn das neue Jerusalem wie eine Braut gekleidet sein wird«.

Um die zweite Haltung zu erläutern, berief sich der Papst auf das Gleichnis vom königlichen Hochzeitsmahl (*Mt* 22,1–14; *Lk* 14,16–24). »Einige«, so erinnerte er, »waren so damit beschäftigt, den Alltagsgeschäften nachzugehen, dass sie nicht zu diesem Fest kommen konnten. Und der Herr, der König, sagte: Geht an die Wegkreuzungen und bringt alle her, die Reisenden, die Armen, die Kranken, die Aussätzigen und auch die Sünder, bringt alle her. Die Guten und die Bösen.

Alle sind zum Fest geladen. Und das Fest begann. Aber dann sah der König einen, der nicht das Festgewand angelegt hatte. Sicher, wir fragen uns da: ›Vater, aber wie dies? Man hat sie an den Wegkreuzungen aufgegabelt, und dann verlangt man von ihnen das Festgewand? Was bedeutet das?‹ Es ist ganz einfach: Gott verlangt ein Einziges von uns, um Eintritt zum Fest zu finden: die Totalität.« Papst Franziskus erläuterte: »Der Bräutigam ist am wichtigsten; der Bräutigam erfüllt alles. Und das bringt uns zur ersten Schriftlesung (*Kol* 1,15–20), die intensiv über die Totalität Jesu spricht. Er ist der Erstgeborene der gesamten Schöpfung, in ihm und durch ihn und im Hinblick auf ihn wurden alle Dinge erschaffen; denn er ist der Mittelpunkt aller Dinge. Er ist auch das Haupt des Leibes der Kirche.

Er ist der Anfang. Gott hat ihm die Fülle gegeben, die Totalität, damit in ihm alle Dinge wieder versöhnt würden.«

Dieses Bild lässt uns verstehen, so fuhr der Heilige Vater fort, dass er »alles« ist, er ist »einzig«: er ist »der einzige Bräutigam«. Und wenn folglich die erste Haltung des Christen »das Fest ist, so besteht die zweite Haltung darin«, so fuhr er fort, »ihn als den Einzigen zu erkennen. Und derjenige, der ihn nicht erkennt, ermangelt des Festgewandes, um zum Fest zu gehen, um zur Hochzeit zu gehen.« Wenn Jesus diese Anerkennung von uns verlangt, so geschieht dies, weil er als Bräutigam »treu ist, immer treu. Und er fordert Treue von uns.« Man kann nicht zwei Herren dienen: »Entweder dient man dem Herrn«, so erinnerte der Papst, »oder man dient der Welt.«

Folglich ist dies »die zweite Haltung des Christen: Jesus als den Allumfassenden, als den Mittelpunkt, als die Totalität anzuerkennen«, auch wenn immer die Versuchung bestehen wird, diese »Neuheit des Evangeliums, diesen neuen Wein« zu verweigern. Deshalb ist es erforderlich, dass wir die Neuheit des Evangeliums annehmen, denn »die alten Schläuche können nicht mit neuem Wein gefüllt werden«. Jesus ist der Bräutigam der Kirche, der die Kirche liebt und sein Leben für die Kirche gibt. Er organisiert ein großes »Hochzeitsfest. Von uns«, so schloss Papst Franziskus, »fordert Jesus Festesfreude. Die Freude, Christen zu sein.« Aber er verlangt von uns auch, ganz ihm zu gehören; aber wenn wir gewisse Verhaltensweisen beibehalten oder Dinge tun, die sich nicht schicken, wenn man ganz ihm gehört, »dann macht das nichts: bereuen wir, bitten wir um Vergebung und gehen voran«, ohne es müde zu werden, »um die Gnade zu bitten, fröhlich zu sein.«

*Freitag, 6. September 2013*

## Das tun, was von Jesus kommt

Es gibt keine Christen ohne Jesus. Und Jesus fehlt dann, wenn ein Christ Geboten gehorcht, die nicht zu Christus führen bzw. nicht von Christus kommen. Papst Franziskus hat im Verlauf der Messe, die er am Samstag, 7. September, in »Santa Marta« feierte, auf der Zentralstellung Christi bestanden. Und er hat die Christen davor gewarnt, privaten Offenbarungen nachzufolgen, da die Offenbarung, wie er sagte, mit Christus geendet hat.

Der Heilige Vater hat in der Predigt die Reflexion fortgesetzt, die er am Freitag, 6. September, ausgehend von den Schriftlesungen begonnen hatte, in denen Jesus als der Bräutigam der Kirche vorgestellt worden war. In der Schriftlesung vom

7. September, die aus dem *Lukasevangelium* stammte (6,1–5), wird in der Tat die Geschichte der Diskussion Jesu mit den Pharisäern beschrieben, die die Apostel dafür tadeln, die Sabbatruhe gebrochen zu haben, indem sie Kornähren gesammelt und gegessen hätten.

An dieser Bibelstelle, so merkte der Papst an, präsentiert sich Jesus im Vergleich zu gestern als noch mehr. Er sagt: »Ich bin der Herr, der Herr auch über den Sabbat. An einer anderen Stelle wird er sagen: Der Sabbat ist für den Menschen da und nicht der Mensch für den Sabbat. Seine Zentralstellung ist auch die Zentralstellung des Christen angesichts zahlreicher Dinge. Jesus ist das Zentrum, er ist der Herr«. Eine Definition, die wir, wie der Papst bemerkte, »nicht gut verstehen«, weil »sie nicht einfach zu verstehen ist«. Gewiss ist, dass Jesus »der Herr ist«, insofern er derjenige ist, der die Macht und den Ruhm und den Sieg hat. Er ist der einzige Herr.

Indem er den *Brief des hl. Paulus an die Kolosser* zitierte (1,21–23), machte der Heilige Vater dann darauf aufmerksam, dass eben dieser Apostel daran erinnert, dass Jesus uns »durch den Tod seines sterblichen Leibes versöhnt hat – uns alle versöhnt hat –, um euch heilig, untadelig und schuldlos vor sich treten zu lassen. Doch müsst ihr unerschütterlich und unbeugsam am Glauben festhalten.« Jesus, so fasste der Papst zusammen, ist der Mittelpunkt, der uns erneuert und im Glauben verankert. »Die Pharisäer«, so fuhr er fort, »stellten hingegen viele Gebote ins Zentrum ihrer Religiosität. Und Jesus sagt zu ihnen: Sie schnüren schwere Lasten zusammen und legen sie den Menschen auf die Schultern.«

Wenn Jesus nicht im Zentrum steht, so bemerkte der Papst, »dann stehen dort andere Dinge«. Und heutzutage »begegnen wir vielen Christen ohne Christus, ohne Jesus. Beispielsweise jenen, die an der Krankheit der Pharisäer leiden und Christen sind, die ihren Glauben und ihre Religiosität, ihr Christ-Sein, in zahlreichen Geboten niederlegen: Ach, ich muss dieses machen, ich muss jenes machen. Christen des Benehmens«, also solche, die Dinge verrichten, so erklärte er, weil man sie verrichten soll, die aber in Wirklichkeit »keine Ahnung haben, warum sie sie eigentlich verrichten«.

Aber »wo ist Jesus?«, fragte sich Papst Franziskus. Und fuhr dann folgendermaßen fort: »Ein Gebot ist dann gültig, wenn es von Jesus stammt.« Es gibt viele Christen ohne Christus, etwa jene, »die nur Andacht suchen, viele Andachtsübungen, aber Jesus fehlt. Und in dem Fall fehlt dir etwas, Bruder! Dir fehlt Jesus. Wenn all deine Andacht dich zu Jesus bringt, dann ist das in Ordnung. Aber wenn du dabei stehen bleibst, dann stimmt etwas nicht.«

Und dann gibt es, so fuhr er fort, »eine weitere Gruppierung von Christen ohne Christus: jene, die nach etwas ausgesuchten Dingen suchen, nach etwas Besonderem, jene, die privaten Offenbarungen hinterherlaufen«, während die Offenbarung doch mit dem Neuen Testament abgeschlossen wurde. Der Heilige Vater hat in dieser Art von Christen den Wunsch bemerkt, »zum Schauspiel der Offenbarung« zu gehen, »um Neues zu vernehmen«. Aber – und diese Ermahnung richtete Papst Franziskus an sie – »Nimm das Evangelium!« Unter den Christen ohne Christus hat der Papst dann auch jene genannt, »die sich den Geist parfümieren, die aber keine Tugend besitzen, weil sie ohne Jesus sind«. Welche Regel gilt also, um Christen mit Christus zu sein? Und welches »Zeichen« gibt es dafür, dass ein Mensch ein Christ mit Christus ist? Es handelt sich, so erklärte der Papst, um eine ganz einfache »Regel«: »Nur das ist gültig, was dich zu Jesus bringt, und nur das ist gültig, was von Jesus herkommt. Jesus ist das Zentrum, der Herr, wie er selbst uns sagt.«

Folglich »gehst du voran«, wenn etwas zu Jesus führt oder von ihm herstammt, ermahnte der Heilige Vater; aber wenn es nicht zu ihm führt oder von ihm herrührt, »dann ist es ein wenig gefährlich«. Und im Hinblick auf das »Zeichen« sagte er: »Ein ganz einfaches Zeichen ist dasjenige des von Geburt an Blinden, von dem das *Johannesevangelium* im neunten Kapitel spricht. Das Evangelium sagt, dass er sich vor Jesus niederwarf, um ihn anzubeten. Ein Mann oder eine Frau, die Jesus anbeten, sind Christen mit Jesus. Aber wenn du es nicht fertigbringst, Jesus anzubeten, dann fehlt dir etwas.«

Hier also haben wir »eine Regel und ein Zeichen«, schloss der Papst. »Die Regel«, so sagte er, »lautet: Ich bin ein guter Christ, wenn ich den Weg des guten Christen gehe, wenn ich das tue, was von Jesus kommt oder was mich zu Jesus bringt, weil er das Zentrum ist. Das Zeichen ist die Anbetung Christi, das Gebet der Anbetung vor Christus.«

*Samstag, 7. September 2013*


## Priester ohne Hoffnung machen traurig

Priester, die die Hoffnung verloren haben, machen traurig. Daher lud Papst Franziskus die bei der heiligen Messe am Morgen des 9. September in »Santa Marta« anwesenden Priester ein, diese Tugend der Hoffnung zu pflegen, »die für die Christen den Namen Jesus trägt«. »Ich sehe hier heute sehr viele Priester«, so der Papst. »Und das veranlasst mich, euch etwas zu sagen: Es ist ein wenig traurig, wenn man einem Priester ohne Hoffnung begegnet, ohne jene Leidenschaft, die die Hoffnung schenkt. Und es ist sehr schön, einem Priester zu begegnen, der an sein Lebensende gelangt, immer mit dieser Hoffnung, nicht mit Optimismus, sondern mit der Hoffnung, und der Hoffnung sät.« Denn das heiße, so fügte Franziskus hinzu, dass »dieser Priester eng mit Jesus Christus verbunden ist und an ihm hängt. Und das Volk Gottes braucht es, dass wir Priester ihm diese Hoffnung auf Jesus geben, der alles erneuert, der alles neu machen kann und der alles neu macht: In jeder Eucharistie erneuert er die Schöpfung, in jeder Geste der Nächstenliebe erneuert er seine Liebe in uns.«

Der Papst sprach von der Hoffnung, indem er an die Reflexionen der vergangenen Tage anknüpfte. In ihnen hatte er Jesus als »Totalität«, als »Mittelpunkt des christlichen Lebens«, als »einzigen Bräutigam der Kirche« vor Augen gestellt. So richtete er heute seine Aufmerksamkeit auf einen im *Kolosserbrief des hl. Paulus* (1,24–2,3) enthaltenen Gedanken: Jesus als »Geheimnis, verborgenes Geheimnis, Gott«. Das Geheimnis Gottes »ist in Jesus offenbart« worden, der »unsere Hoffnung ist: Er ist alles, der Mittelpunkt und auch unsere Hoffnung.«

Leider aber, so bemerkte der Bischof von Rom, »ist die Hoffnung eine Tugend«, die gewöhnlich »als zweitrangig angesehen wird. Wir glauben nicht so recht an die Hoffnung: Wir sprechen von Glauben und Liebe, aber die Hoffnung ist ein wenig – wie es ein französischer Schriftsteller ausgedrückt hat – die demütige Tugend, die Dienerin der Tugenden; und wir verstehen sie nicht richtig.«

Der Optimismus, so erläuterte er, ist eine menschliche Verhaltensweise, die von zahlreichen Faktoren abhängt; aber die Hoffnung ist etwas ganz anderes: »Sie ist ein Geschenk, sie ist eine Gabe des Heiligen Geistes, und deshalb sagt dann Paulus, dass sie niemals enttäuscht.« Und sie trägt auch einen Namen. Und »dieser Name lautet Jesus«: Man kann nicht behaupten, man setze seine Hoffnung auf das Leben, wenn man seine Hoffnung nicht auf Jesus setzt. »Dann würde es sich nicht um Hoffnung handeln«, so präzisierte er, »sondern es wäre gute Laune, Optimismus, wie im Fall jener sonnigen, positiven Gemüter, die immer das halbvolle Glas sehen und nicht das halbleere.«

Der Papst verwies darauf, dass diese Auffassung im *Lukasevangelium* (6,6–11) an der Stelle Bestätigung findet, an der das Thema der Freiheit behandelt wird. Die Erzählung bei Lukas stellt uns eine doppelte Knechtschaft vor Augen: diejenige des Mannes »mit der verdorrten Hand, der ein Knecht seiner Krankheit war«, und jene »der Pharisäer, der Schriftgelehrten, die Knechte ihrer steifen, paragraphenreiterischen Haltung waren«. Jesus »befreit beide: Er zeigt denen, die in einer steifen Strenge gefangen sind, dass das nicht der Weg zur Freiheit ist; und den Mann mit der gelähmten Hand befreit er von der Krankheit.«

Was will er damit zeigen? Dass »Freiheit und Hoffnung zusammengehören: Wo es keine Hoffnung gibt, da kann es auch keine Freiheit geben.«

Gleichwohl lautet die eigentliche Lehre, die aus der heutigen Schriftlesung entnommen werden kann, dass Jesus »kein Wunderheiler ist, sondern vielmehr ein Mann, der das Leben erneuert. Und das gibt uns Hoffnung, denn Jesus ist gerade für dieses große Wunder gekommen, um alles neu zu machen.« Deshalb sagt die Kirche in einem wunderschönen Gebet: »Gott, du hast die Welt wunderbar erschaffen und noch wunderbarer erlöst.« »Folglich«, so fügte der Papst hinzu, »besteht das große Wunder in der großen Erneuerung durch Jesus. Und das gibt uns Hoffnung: Jesus macht alles neu.« Und wenn »wir uns mit Jesus in seiner Passion vereinen«, so schloss der Papst, »dann erneuern wir mit ihm die Welt, wir machen sie neu.«

*Montag, 9. September 2013*

## CHRISTEN OHNE FURCHT, VERSCHÄMTHEIT ODER TRIUMPHGEHABE

Heutzutage gibt es auf der Welt »viele Christen ohne Auferstehung«. An sie richtete Papst Franziskus im Verlauf der Messe, die er am Dienstag, 10. September, in »Santa Marta« feierte, die Aufforderung, den Weg wiederzufinden, der zum auferstandenen Jesus führe, indem sie sich »von ihm, von seiner Kraft berühren« ließen, denn Christus sei »keine spirituelle Vorstellung«, sondern er sei lebendig. Und durch seine Auferstehung habe er »die Welt besiegt«.

In seiner Auslegung der Schriftlesungen vom Tage erinnerte der Papst an einige Stellen im *Kolosserbrief,* in denen der hl. Paulus über die Gestalt Jesu spricht, der von Fall zu Fall »als Totalität, als Zentrum, als Hoffnung« beschrieben wird, »weil er der Bräutigam ist«. In der Passage, die Gegenstand der heutigen Schriftlesung war (2,6–15), füge der Apostel diesem Bild noch ein weiteres Mosaiksteinchen hinzu, indem er Christus als »den Sieger« bezeichne, als den, der »über den Tod, die Sünde und über den Teufel gesiegt hat«. Die paulinische Botschaft enthalte daher die Aufforderung, den Weg im auferstandenen Herrn zu gehen, fest in ihm wurzelnd und auf ihn bauend, auf seinen Sieg und fest im Glauben.

Jesus sei »der Sieger, der Auferstandene«. Und doch, so warnte der Bischof von Rom, geschehe es oft, »dass wir ihn nicht hören, ihm nicht gut zuhören«, während doch die Auferstehung Jesu »der eigentliche Angelpunkt« unseres Glaubens sei. Der Papst bezog sich vor allem auf jene »Christen ohne den auferstandenen Christus«, auf jene, »die Jesus bis ans Grab begleiten, weinen, ihn sehr lieb haben«, aber nicht dazu imstande sind, darüber hinauszugehen. Und er unterschied hierzu drei Kategorien: die Ängstlichen, die Verschämten und die Triumphalisten.

Erstere, so erläuterte er, »sind diejenigen vom Morgen der Auferstehung, die von Emmaus, die weglaufen, weil sie sich fürchten«; es sind »die Apostel, die sich aus Furcht vor den Juden im Abendmahlssaal einschließen«; und schließlich sind es »jene guten Frauen, die weinen«, wie die in Tränen aufgelöste Magdalena, »weil sie den Leib des Herrn fortgebracht haben«. Im Übrigen »sind die Furchtsamen so geartet: Sie haben Angst davor, an die Auferstehung zu denken«. Und auch die Apostel, die angesichts Jesu, der im Abendmahlssaal auftauchte, »erschraken aus Angst, ein Gespenst zu sehen«.

Die zweite Kategorie sei diejenige der »Verschämten, die sich in dieser im Hinblick auf die Wissenschaft so fortschrittlichen Welt ein wenig genieren, zu bekennen, dass Christus auferstanden ist«. Papst Franziskus zufolge dachte Paulus an sie, als er ermahnte: »Gebt acht, dass euch niemand mit seiner Philosophie und falschen Lehre verführt, die sich nur auf menschliche Überlieferung stützen und sich auf die Elementarmächte der Welt, nicht auf Christus berufen.« Es handelt sich praktisch um jene Christen, die die Wirklichkeit der Auferstehung verzerren: Sie glauben an »eine geistige Auferstehung, die der ganzen Welt guttut, die ein Segen für das Leben ist«; die sich im Grunde aber »schämen, zu sagen, dass Christus im Fleische und mit all seinen Wunden auferstanden ist.«

Und schließlich setzt sich die dritte Gruppe aus jenen Christen zusammen, die in ihrem Inneren »nicht an den Auferstandenen glauben und selbst eine Auferstehung durchleben wollen, die noch majestätischer ist als jene« Jesu. Der Papst definierte sie als die »Triumphalisten«, insofern sie »einen Minderwertigkeitskomplex haben« und »in ihrem Leben, in ihren Reden, in ihrer Pastoral und in der Liturgie ein Triumphgehabe« an den Tag legen.

Papst Franziskus zufolge ist es erforderlich, das Bewusstsein wiederzuerlangen, dass Jesus der Auferstandene ist. Und deshalb seien die Christen dazu aufgerufen, »ohne Furcht, ohne sich dafür zu schämen und ohne Triumphgehabe« »seine Schönheit« zu betrachten, den Finger in seine Wunden und die Hand in die Seite des Auferstandenen zu legen, die Seite jenes »Christus, der die Gesamtheit, die Totalität ist; Christus, der das Zentrum, Christus, der die Hoffnung ist«, denn er sei der Bräutigam und der Sieger. Er »ist ein Sieger«, so fügte er hinzu, »er macht die ganze Schöpfung neu«.

In Anspielung auf die Schriftlesung aus dem *Lukasevangelium* (6,12–19) erinnerte der Heilige Vater an das Bild Jesu inmitten einer Menge von

Männern und Frauen, die herbeigeeilt waren, »um ihn anzuhören und um von ihren Krankheiten geheilt zu werden. Auch die, die von unreinen Geistern gequält wurden, wurden geheilt«, erinnerte der Papst. Daher »versuchte die ganze Menschenmenge, ihn zu berühren, da von ihm eine heilende Kraft ausging«. Hierin sieht Papst Franziskus die Verheißung für den endgültigen Sieg Christi, der »das gesamte Universum heilt«, das ist »seine Auferstehung«.

Das also, so schloss er, ist der Grund dafür, dass man die Schönheit dem Auferstandenen entgegenzugehen, wiederentdecken muss, dass man sich von ihm, von seiner Kraft berühren lässt.

Zu Beginn der Liturgie gedachte der Papst des in der Nacht von Montag, 9. auf Dienstag, 10. September, in der Klinik Pius XI. verstorbenen Erzbischofs Peter Paul Prabhu, der ebenfalls in der »Domus Sanctae Marthae« gewohnt hatte.

*Dienstag, 10. September 2013*

#### Über den sanftmütigen und leidenden Jesus meditieren

Es ist für die Christen nicht leicht, den von Jesus inspirierten Prinzipien und Tugenden gemäß zu leben. »Es ist nicht einfach, aber« – so sagte Papst Franziskus im Verlauf der Messe, die er Donnerstagvormittag, 12. September, in der Kapelle von »Santa Marta« feierte – »es ist möglich«. Dafür reicht es, »über den leidenden Jesus und die leidende Menschheit zu meditieren« und »mit Jesus ein in Gott verborgenes Leben« zu führen.

Die Reflexion des Heiligen Vaters war angeregt worden durch den liturgischen Gedenktag »Mariä Namen«. »Heute«, so begann er, »begehen wir den Namenstag der Muttergottes. Des heiligen Namens Maria. Früher hieß dieses Fest ›der süße Name Mariens‹, und heute haben wir im Gebet um die Gnade gebeten, diese Kraft und Süße Mariens erleben zu dürfen. Dann wurde der Name des Festes geändert, aber im Gebet ist diese Süße ihres Namens verblieben. Wir bedürfen heute der Süße der Muttergottes, um diese Dinge zu verstehen, die Jesus von uns erwartet. Es ist nicht leicht, diese Aufzählung ins Leben umzusetzen: Liebt eure Feinde, tut Gutes, gebt, ohne auf Rückerstattung zu hoffen, biete dem, der dich schlägt, auch die andere Wange, verweigere dem, der dir den Mantel entreißt, auch das Untergewand nicht. Das sind starke Forderungen. Aber all das hat auf ihre Weise auch die Muttergottes erlebt: die Gnade der Sanftmut, die Gnade der Milde.«

»Der Apostel Paulus«, so fuhr er fort, »beharrt auf eben diesem Thema: ›Brüder, ihr seid von Gott geliebt, seid seine auserwählten Heiligen. Darum bekleidet euch mit aufrichtigem Erbarmen, mit

Güte, Demut, Milde und Geduld! Ertragt euch gegenseitig, und vergebt einander, wenn einer dem anderen etwas vorzuwerfen hat. Wie der Herr euch vergeben hat, so vergebt auch ihr!‹« (*Kol* 3,12–17).

Gewiss, so merkte der Papst an, es wird uns viel abverlangt, und daher lautet die erste Frage, die uns in den Sinn kommt: »Aber wie kann ich das fertig-bringen? Wie kann ich mich dafür vorbereiten, das zu tun? Was muss ich studieren, um das zu leisten?« Für den Papst ist die Antwort ganz eindeutig: »Wir können das aus eigenen Kräften nicht fertigbringen. Das kann nur eine Gnade in uns bewirken. Es hilft, dass wir uns bemühen; das ist notwendig, aber es reicht nicht.«

»In diesen Tagen«, so fuhr der Papst fort, »hat der Apostel Paulus oft über Jesus zu uns gespro-chen. Jesus als die Totalität des Christen, Jesus als die Hoffnung des Christen, weil er der Bräutigam der Kirche ist und die Hoffnung bringt, um weiter-zugehen; Jesus als Sieger über Sünde und Tod.

Jesus siegt und er ist mit seinem Sieg in den Him-mel aufgefahren.« Hierzu lehrt uns der Apostel etwas, »er sagt zu uns: ›Brüder, ihr seid mit Christus auferweckt; darum strebt nach dem, was im Himmel ist, wo Christus zur Rechten Gottes sitzt. Richtet euren Sinn auf das Himmlische und nicht auf das Irdische! Denn ihr seid gestorben, und euer Leben ist mit Christus verborgen in Gott.‹« Das ist »der

Weg, um das zu tun, was der Herr von uns fordert: unser Leben mit Christus in Gott verbergen«, wiederholte der Papst. Und das muss sich in einer jeden unserer Verhaltensweisen im Alltag erneuern, denn, so erläuterte der Bischof von Rom, nur dann, wenn unser Herz und unser Geist dem Herrn zugewandt sind, »der über die Sünde, über den Tod triumphiert«, können wir das vollbringen, was er von uns verlangt. Milde, Demut, Güte, Zärtlichkeit, Nachsicht, Großmut sind alles Tugenden, die dazu dienlich sind, den von Christus gewiesenen Weg zu gehen.

Sie zu erhalten ist »eine Gnade. Eine Gnade«, so der Heilige Vater, »die aus der Kontemplation Jesu folgt.« Es sei kein Zufall, so erinnerte er noch einmal, dass unsere geistlichen Väter und Mütter uns gelehrt haben, wie wichtig es sei, auf die Passion des Herrn zu schauen. »Nur durch die Betrachtung der leidenden Menschheit Christi können wir milde, demütig, zärtlich werden wie er selbst. Es gibt keinen anderen Weg.« Gewiss, wir müssen die Anstrengung auf uns nehmen, »Jesus zu suchen; an sein Leiden zu denken, daran, wie sehr er gelitten hat; an sein mildes Schweigen zu denken«. Das, so betonte er, wird unser Bemühen sein; dann werde »er an alles Übrige denken, er wird all das tun, was noch fehlt. Aber du musst dieses tun: Dein Leben mit Christus in Gott verbergen.« Um gute Christen zu sein, sei es folglich erforderlich, stets über das

Menschsein Jesu und über die leidende Menschheit zu meditieren.

»Um Zeugnis abzulegen? Betrachte Jesus. Um zu vergeben? Betrachte den leidenden Jesus. Um nicht den Nächsten zu hassen? Betrachte den leidenden Jesus. Um nicht über den Nächsten zu klatschen? Betrachte den leidenden Jesus. Es gibt keinen anderen Weg«, wiederholte der Papst, der dann daran erinnerte, dass diese Tugenden die des Vaters sind, »der gut, milde und großmütig ist, der uns stets vergibt«, und auch die Tugenden der Gottesmutter, unserer Mutter. Es sei nicht leicht, aber es sei möglich. »Vertrauen wir uns der Muttergottes an. Und wenn wir ihr heute«, so schloss er, »zu ihrem Namenstag gratulieren, dann bitten wir sie darum, uns die Gnade zu erweisen, ihre zärtliche Sanftmut zu erfahren.«

*Donnerstag, 12. September 2013*


## Vom bösartigen Klatsch hin zur Nächstenliebe

Klatsch kann töten, ebenso und sogar noch mehr, als Waffen es vermögen. Papst Franziskus ist am Freitag, 13. September, im Verlauf der Messe, die er in der Kapelle von »Santa Marta« feierte, wieder auf dieses Thema zurückgekommen. In seiner Auslegung der Schriftlesungen zum Tage, die dem *Timotheusbrief* (1,1–2.12–14) und dem *Lukasevangelium*

(6,39–42) entnommen waren, hob der Papst hervor, wie der Herr – nachdem er über Verhaltensweisen wie Sanftmut, Demut und Großmut gesprochen hat – »heute über deren Gegenteil zu uns spricht«, also über »ein gehässiges Verhalten dem Nächsten gegenüber«, dasjenige, das man an den Tag legt, wenn man sich zum »Richter über seinen Bruder« erhebt.

Papst Franziskus erinnerte an die biblische Geschichte, in der Jesus den tadelt, der sich anmaßt, den Splitter aus dem Auge seines Nächsten zu ziehen, ohne den Balken zu bemerken, der in seinem eigenen Auge steckt. Dieses Verhalten, also das Sich-für-vollkommen-und-deshalb-für-befähigt-Halten, die Fehler der anderen zu verurteilen, ist das genaue Gegenteil der Milde, der Demut, von der der Herr spricht, »von jenem Licht, das so schön ist und das in der Vergebung liegt«. Jesus, so hob der Heilige Vater hervor, bedient sich »eines starken Wortes: Heuchler«. Und er betonte: »Jene, die ihr Leben damit verbringen, ihren Nächsten zu verurteilen, indem sie schlecht über ihn reden, sind Heuchler. Denn es fehlt ihnen der Mut, ihre eigenen Fehler in Augenschein zu nehmen. Der Herr vergeudet hierfür nicht viele Worte. Dann, etwas später, wird er sagen: Wer in seinem Herzen Hass gegen seinen Bruder hegt, ist ein Mörder. Er wird das sagen. Auch der Apostel Johannes sagt das in seinem ersten

Brief in deutlichen Worten: ›Jeder, der seinen Bruder hasst, geht in der Finsternis. Wer seinen Bruder hasst, ist ein Mörder.« Folglich, so fügte er hinzu, »sind wir jedes Mal dann, wenn wir im Herzen über unsere Brüder zu Gericht sitzen, oder schlimmer noch, wenn wir mit anderen darüber reden, Christen, die Mörder sind.« Und das »sage nicht ich, aber das sagt der Herr«, so präzisierte er, wobei er noch hinzufügte, dass »es in dieser Frage keinen Spielraum gibt für Nuancen: Wenn du über deinen Bruder herziehst, dann tötest du den Bruder. Und jedes Mal, wenn wir das tun, dann ahmen wir Kain nach, den ersten Mörder.«

In Anspielung darauf, wie viel dieser Tage von den Kriegen gesprochen wird, die weltweit Todesopfer fordern, vor allem unter den Kindern, und viele Menschen auf der Suche nach einer Zuflucht zur Flucht zwingen, fragte sich Papst Franziskus, wie es möglich sein kann, zu meinen, man habe »das Recht zu töten«, indem man schlecht über andere Menschen rede, und »diesen alltäglichen Krieg des Klatsches« zu entfachen. In der Tat, so sagte er, »geht die üble Nachrede stets in Richtung des Verbrechens. Es gibt keinen unschuldigen Klatsch. Und das ist unverfälschtes Evangelium.« Folglich »bedürfen wir zu dieser Zeit, in der wir inständig um den Frieden beten, einer Geste der Umkehr«. Und dem »Nein« zu jeder Art von

Waffe fügen wir ein »Nein auch zu dieser Waffe« der üblen Nachrede hinzu, »da sie tödlich ist«. Indem er den Apostel Johannes zitierte, erinnerte der Papst daran, dass die Sprache »dazu dient, Gott zu loben«. Aber, so fügte er hinzu, »wenn wir die Sprache dazu nutzen, um schlecht über den Bruder und die Schwester zu sprechen, dann benutzen wir sie, um Gott zu töten«, denn in unserem Bruder, in unserer Schwester ist Gottes Ebenbild enthalten; dann zerstören wir »dieses Ebenbild Gottes«. Und es gebe auch Leute, so erinnerte der Heilige Vater, die versuchten, all das zu rechtfertigen, indem sie erklärten: »Er hat es verdient.« An diese Menschen richtet der Papst eine ganz eindeutige Aufforderung: »Geh hin und bete für ihn. Geh und tu Buße für sie. Und dann, wenn es erforderlich ist, sprichst du mit dieser Person, damit sie alles in Ordnung bringen kann. Aber du darfst nicht jedermann davon erzählen.« Paulus, so fügte der Papst hinzu, »war ein großer Sünder. Und er sagt über sich selbst: Ich war früher ein Sünder, ein Lästerer, ein gewaltsamer Mensch. Aber ich habe Erbarmen gefunden. Vielleicht ist keiner von uns ein Lästerer, vielleicht. Aber wenn jemand von uns klatscht, dann ist er mit Sicherheit einer, der andere verfolgt und ein gewalttätiger Mensch.«

Der Papst schloss seine Ausführungen damit, »für uns, für die gesamte Kirche die Gnade der

Bekehrung vom Verbrechen der üblen Nachrede zur Demut, zur Sanftmut, zur Milde, zur Großmut der Nächstenliebe« zu erbitten.

*Freitag, 13. September 2013*

### Der Baum des Lebens

Die Geschichte des Menschen und die Geschichte Gottes werden am Kreuz miteinander verwoben. Im Wesentlichen ist das eine Liebesgeschichte. Ein immenses Mysterium, das wir alleine nicht zu verstehen vermögen. Wie kann man »diesen Aloe-Honig, diese bittere Süße von Jesu Opfer kosten?« Papst Franziskus wies am Samstag früh, 14. September, dem Fest Kreuzerhöhung, im Verlauf der Messe, die er in der Kapelle von »Santa Marta« feierte, den Weg dazu.

In seiner Auslegung der Schriftlesungen zum Tage, die aus dem *Brief an die Philipper* (2,6–11) und dem *Johannesevangelium* (3,13–17) stammten, sagte der Papst, dass es möglich sei, das Mysterium des Kreuzes »ein bisschen« zu verstehen, »kniend, im Gebet«, aber auch »unter Tränen«. Ja, es sind gerade die Tränen, die »uns diesem Mysterium nahebringen«. In der Tat, »ohne zu weinen«, vor allem »ohne im Herzen zu weinen werden wir dieses Mysterium niemals verstehen«. Es sind »die Tränen des reuigen Sünders, die Tränen des Bruders und der Schwester, die so viel menschliches Elend sehen und es auch in Jesus sehen, kniend und weinend«. Und vor allem, so hob der Papst hervor, »niemals alleine«! Um in dieses Mysterium einzudringen, das »kein Labyrinth ist, diesem aber ein wenig ähnelt«, »bedürfen wir stets der Mutter, der Hand der Mutter«. »Maria«, so fügte er hinzu, »lässt uns spüren, wie groß und demütig dieses Mysterium ist, süß wie der Honig und bitter wie die Aloe«.

Die Kirchenväter, so erinnerte der Papst, »verglichen stets den Baum des Paradieses mit demjenigen der Sünde. Den Baum, der die Frucht der Erkenntnis von Gut und Böse, des Wissens, trägt, mit dem Baum des Kreuzes. Der erste dieser Bäume »hatte viel Übel angerichtet«, während der Baum des Kreuzes »uns zum Heil, zur Gesundung, zur Vergebung dieses Übels führt«. Das ist »der Weg der Menschheitsgeschichte«. Ein Weg, der es gestattet, »Jesus Christus, den Erlöser, zu finden, der aus Liebe sein Leben gibt«. Eine Liebe, die sich in der Ökonomie des Heils manifestiert, wie uns der Heilige Vater mit den Worten des Evangelisten Johannes ins Gedächtnis rief.

Der Papst sagte, dass Gott »seinen Sohn nicht in die Welt gesandt hat, damit er die Welt richtet, sondern damit die Welt durch ihn gerettet wird«. Und wie hat er uns gerettet? »Durch diesen Baum des

Kreuzes.« Mit jenem anderen Baum haben »die Selbstgenügsamkeit, der Stolz und der Hochmut, alles unserer Mentalität und unseren Kriterien gemäß kennen zu wollen«, angefangen, »auch gemäß jener Anmaßung, die einzigen Richter der Welt sein und werden zu wollen.« Das, so sagte er, »ist die Menschheitsgeschichte«. Am Baum des Kreuzes hingegen steht die Geschichte Gottes, der »unsere Geschichte hat annehmen und gemeinsam mit uns gehen wollen.«

Gerade in der ersten Schriftlesung fasse der Apostel Paulus »in wenigen Worten die ganze Geschichte Gottes zusammen: Jesus Christus war Gott gleich, hielt aber nicht daran fest, wie Gott zu sein.« Sondern »er entäußerte sich und wurde wie ein Sklave und den Menschen gleich«. In der Tat: Christus »erniedrigte sich und war gehorsam bis zum Tod, bis zum Tod am Kreuz«.

Und warum tut er das, fragte sich der Bischof von Rom. Die Antwort findet sich in den Worten, die Jesus an Nikodemus richtete: »Denn Gott hat die Welt so sehr geliebt, dass er seinen einzigen Sohn hingab, damit jeder, der an ihn glaubt, nicht zugrunde geht, sondern das ewige Leben hat.« Gott, so schloss der Papst, »geht diesen Weg aus Liebe, es gibt dafür keine andere Erklärung«.

*Samstag, 14. September 2013*

Ein guter Christ nimmt aktiv am politischen Leben
teil und betet, damit die Politiker ihr Volk lieben
und ihm demütig dienen. Diese Gedanken standen
im Mittelpunkt der Predigt, die Papst Franziskus
am Morgen des 16. September in der Kapelle »Santa
Marta« hielt.

Er kommentierte den Abschnitt aus dem *Lukas-evangelium* (7,1–10), wo berichtet wird, wie Jesus
den Diener des Hauptmanns von Kafarnaum heilt.
Dabei hob er »zwei Haltungen des Regierenden«
hervor. Er müsse vor allem »sein Volk lieben. Die
jüdischen Ältesten sagen zu Jesus: ›Er verdient es,
dass du seine Bitte erfüllst, denn er liebt unser Volk.‹
Ein Regierender, der nicht liebt, kann nicht regieren.
Er kann bestenfalls ein wenig Ordnung machen,
aber er kann nicht regieren.« Um die Bedeutung
der Liebe zu erklären, die der Regierende seinem
Volk schulde, erinnerte der Heilige Vater an das Bei-spiel von David. Dieser missachte die vom Mosai-schen Gesetz vorgegebenen Regeln für die Zählung
der Israeliten, um zu unterstreichen, dass das Leben
jedes Menschen dem Herrn gehöre (vgl. *Exodus*
30,11–12). David aber habe, nachdem er seine
Sünde eingesehen habe, alles getan, um die Bestra-fung seines Volkes zu verhindern. Und das, weil er,

auch wenn er ein Sünder gewesen sei, sein Volk geliebt habe.

Für Papst Franziskus muss der Regierende auch demütig sein wie der Zenturio oder Hauptmann des Evangeliums, der sich seiner Macht hätte rühmen können, wenn er Jesus gebeten hätte, zu ihm zu kommen. Aber »er war ein demütiger Mann und er sagte zum Herrn: ›Herr, bemüh dich nicht! Denn ich bin es nicht wert, dass du mein Haus betrittst.‹ Und demütig fügt er hinzu: »Sprich nur ein Wort, dann muss mein Diener gesund werden.‹ Das sind die beiden Tugenden eines Regierenden, so wie das Wort Gottes es uns darlegt: Liebe zum Volk und Demut.« Daher müsse sich »jeder Mann und jede Frau, die Regierungsverantwortung übernimmt, diese beiden Fragen stellen: Liebe ich mein Volk, um ihm besser zu dienen? Und bin ich demütig, um die Meinungen der anderen zu hören, um den besten Weg zu wählen?« Wenn sie sich diese Fragen nicht stellten, so der Papst, dann werde »ihre Regierung nicht gut sein«.

Aber auch die, die regiert werden, müssten ihre Entscheidungen treffen. Was also solle man tun? Nachdem der Papst darauf hingewiesen hatte, dass »wir als Volk sehr viele Regierende haben«, erinnerte er an einen Satz des hl. Paulus aus dem ersten *Timotheusbrief* (2,1–8): »Vor allem fordere ich zu Bitten und Gebeten, zu Fürbitte und Danksagung auf, und zwar für alle Menschen, für die Herrscher und für alle, die Macht ausüben, damit wir in aller Frömmigkeit und Rechtschaffenheit ungestört und ruhig leben können.«

Das bedeute, so führte Papst Franziskus aus, dass »keiner von uns sagen kann: Aber ich habe damit doch nichts zu tun; *sie* sind doch an der Regierung! Nein, ich bin mit für ihre Regierung verantwortlich und muss mein Bestes dafür geben, dass sie gut regieren, indem ich im Rahmen des mir Möglichen an der Politik mitwirke. Die Politik ist, wie die Soziallehre der Kirche sagt, eine der höchsten Formen der Liebe, da sie dem Gemeinwohl dient. Und ich kann mir da meine Hände nicht in Unschuld waschen: Jeder von uns ist dazu verpflichtet, etwas zu tun. Aber wir sind mittlerweile daran gewöhnt, zu denken, dass es genügt, über die, die regieren, nur zu klatschen, schlecht über sie und das, was nicht funktioniert, zu reden.«

Im Hinblick darauf bemerkte der Heilige Vater, dass im Fernsehen und in den Zeitungen vor allem auf die Politiker »eingedroschen« werde; kaum je finde man Bemerkungen der Art: »Dieser Regierungschef hat hier Gutes geleistet; dieser Regierungschef hat diese oder jene Tugend. Er hat hierin geirrt, in diesem und jenem, aber das hier hat er gut gemacht.« Dafür spreche man über die Politiker »immer schlecht und man ist immer dagegen. Vielleicht ist der, der regiert, ein Sünder, wie es auch

David war. Aber ich muss mitarbeiten, durch meine Meinungsäußerung, durch meine Worte, auch durch meine Korrekturen: Ich bin aus dem folgenden Grund nicht damit einverstanden. Wir müssen am Gemeinwohl mitwirken. Mitunter haben wir sagen hören: Ein guter Katholik interessiert sich nicht für die Politik.

Aber das ist nicht wahr: Ein guter Katholik mischt sich in die Politik ein, indem er sein Bestes tut, damit der, der regiert, auch regieren kann.« Was also ist »das Beste, was wir denen bieten« können, die regieren? »Es ist das Gebet«, antwortete der Papst, indem er erklärte: »Das ist es, was Paulus sagt: Ein Gebet für den Herrscher und für alle Menschen, die Macht ausüben.« Aber »man wird sagen: das ist ein schlechter Mensch, er muss in der Hölle enden. Nein, betet für ihn, betet für sie, damit sie gut regieren können, damit er sein Volk liebt, damit er demütig ist. Ein Christ, der nicht für die Regierenden betet, ist kein guter Christ. Man muss beten. Und das« – so präzisierte er – »sage nicht ich. Der hl. Paulus sagt dies. Die Regierenden sollen demütig sein und ihr Volk lieben. Das ist die Bedingung. Wir, die wir regiert werden, geben unser Bestes. Vor allem das Gebet.«

»Beten wir für die Herrscher«, so schloss Papst Franziskus, »dass sie uns gut regieren. Damit sie unser Vaterland, unsere Nation und auch die ganze

Welt weiterbringen; und damit Friede und Gemeinwohl herrschen. Dieses Wort Gottes möge uns helfen, besser am Gemeinschaftsleben eines Volkes mit-
zuwirken: die, die an der Regierung sind, indem sie
ihren Dienst in Demut und voller Liebe verrichten;
die Regierten durch ihre Beteiligung und vor allem
durch ihr Gebet.«

*Montag, 16. September 2013*


## WIE EINE MUTTER, DIE IHRE KINDER VERTEIDIGT

Wie eine Mutter, die uns liebt, die uns verteidigt, die
uns die Kraft verleiht, im Kampf gegen das Böse
weiterzumachen. Das ist das Bild der Kirche, das
Papst Franziskus am Dienstag, 17. September, im
Verlauf der Messe, die er früh in »Santa Marta« feierte, vorstellte. In seiner Auslegung der Schriftlesung aus dem *Lukasevangelium,* wo über die Auf-
erweckung des Sohnes der Witwe aus Naïn berichtet
wird (7,11–17), beschrieb der Papst, wie Jesus, der
die Frau vor dem Leichnam ihres einzigen Sohnes
sah, »von großem Mitleid ergriffen wurde«. Und er
definierte dieses Gefühl Christi als »die Fähigkeit,
mit uns mitzuleiden, unserem Leiden nahe zu sein
und es sich zu eigen zu machen«.

Überdies habe er nur allzu gut gewusst, »was es
zu jener Zeit heißen wollte, eine verwitwete Frau zu

sein«, zu einer Zeit, als verwitwete Mütter, die ihre Kinder großziehen mussten, von der Hilfe und der Großzügigkeit anderer abhängig waren. Das ist der Grund dafür, dass die damaligen Gebote so sehr hierauf bestehen: »Den Witwen und Waisen helfen, da diese zu jener Zeit die einsamsten und verlassensten Glieder der Gesellschaft waren.«

Die Gedanken des Bischofs von Rom schweiften dann zu den anderen Witwen, von denen in der Bibel die Rede ist. Der Herr erweist ihnen eine ganz besondere »Fürsorge, eine ganz besondere Liebe«, bis an den Punkt, dass sie »ein Abbild der Kirche« darstellen, »denn«, so erläuterte er, »auch die Kirche ist in einem gewissen Sinne Witwe: Ihr Bräutigam ist von ihr gegangen und sie geht durch die Geschichte, in der Hoffnung, ihn wiederzufinden, mit ihm zusammenzutreffen. In jenem Augenblick wird sie endgültig seine Braut sein.« Aber, so mahnte er, »in der Zwischenzeit ist die Kirche alleine«, und der Herr ist unsichtbar für sie – folglich »trägt sie auch gewisse Züge der Witwenschaft«.

Eine erste Konsequenz dieser Witwenschaft besteht darin, dass die Kirche »mutig« wird wie eine Mutter, »die ihre Kinder verteidigt«, gerade so wie jene Witwe des Evangeliums, »die zu einem bestechlichen Richter ging, um ihre Kinder zu verteidigen, und die am Ende gesiegt hat«. Denn, so unterstrich der Papst, »unsere Mutter, die Kirche, verfügt über jenen Mut einer Frau, die weiß, dass es ihre Kinder sind und die sie verteidigen und zur Begegnung mit ihrem Bräutigam führen muss.«

Aus dem Mut leitet sich dann ein zweites Element ab, die Stärke, wie es andere Witwen bezeugen, die in der Bibel beschrieben werden: Eine von ihnen ist Noomi, die Urgroßmutter des David, »die sich nicht davor fürchtete, allein zurückzubleiben«, oder jene makkabäische Witwe mit sieben Söhnen, »die, um Gottes Gesetz nicht abzuschwören, vom Tyrannen in den Märtyrertod geschickt wurden.« Bei dieser Frau hat ein Detail Papst Franziskus ganz besonders betroffen gemacht: die Tatsache, dass die Bibel hervorhebt, »dass sie in ihrem Dialekt, in der Muttersprache redete«, gerade so, wie es »unsere Mutter, die Kirche« tut, die zu uns »in jener Sprache der wahren Rechtgläubigkeit« spricht, »die wir alle verstehen, in der Sprache des Katechismus, in dieser starken Sprache, die uns stärkt und uns auch die Kraft dazu verleiht, den Kampf gegen das Böse fortzusetzen«.

Der Papst betonte dann, indem er seine Überlegungen zusammenfasste, »die Dimension der Witwenschaft der Kirche, die durch die Geschichte geht in der Hoffnung, ihrem Bräutigam zu begegnen, ihn wiederzufinden«. Im Übrigen, so hob er hervor, »ist unsere Mutter, die Kirche, so beschaffen: Sie ist eine Kirche, die dann, wenn sie treu ist, zu weinen vermag, sie weint um ihre Kinder und betet.« Ja, »wenn die Kirche nicht weint, dann stimmt etwas nicht«; wogegen die Kirche dann gut funktioniert, wenn sie »vorangeht und ihre Kinder großzieht, wenn sie ihnen Kraft einflößt, wenn sie sie bis zum letzten Abschied begleitet, um sie dann den Händen ihres Bräutigams zu überlassen, dem auch sie am Ende wieder begegnen wird«.

Und da der Papst »unsere Mutter, die Kirche, in jener Witwe, die weint«, sieht, muss man sich die Frage stellen, was der Herr zu jener Mutter sagt, um sie zu trösten. Die Antwort ist in Jesu eigenen Worten enthalten, die uns bei Lukas überliefert sind: »Weine nicht!« Worte, die zu sagen scheinen: Weine nicht, denn »ich bin bei dir, ich begleite dich, ich erwarte dich dort, bei der Hochzeit, der letzten Hochzeit, der des Lammes«; höre auf zu weinen, »dieser dein Sohn, der tot war, lebt jetzt«. Und zu diesem selbst, der dritten Person, die in dieser biblischen Geschichte auftritt, sagt der Herr: »Ich befehle dir, junger Mann: Steh auf!« Dem Papst zufolge sind das genau dieselben Worte, die der Herr im Sakrament der Versöhnung an die Menschen richtet, »wenn wir durch die Sünde tot sind und hingehen, um ihn um Vergebung zu bitten«.

Der Bericht des Lukas endet mit der Beschreibung des toten jungen Mannes, der sich aufsetzt und zu sprechen beginnt, und mit der Schilderung

Jesu, der ihn seiner Mutter zurückgibt. Gerade so, wie er es mit uns tut, darauf wies der Papst hin, »wenn er uns vergibt, wenn er uns das Leben wiedergibt«, denn »unsere Versöhnung endet nicht im Dialog« mit dem Priester, der uns die Absolution erteilt, sondern sie wird in dem Augenblick vollendet, »wo er uns unserer Mutter zurückgibt«.

Tatsächlich, so schloss er, »gibt es keinen Lebensweg, keine Vergebung, keine Aussöhnung außerhalb der Mutter, der Kirche«, weshalb es immer notwendig ist, »den Herrn um die Gnade zu bitten, Vertrauen in diese Mutter zu haben, die uns verteidigt, lehrt und wachsen lässt«.

*Dienstag, 17. September 2013*

### ALS WÜRDE MAN AUF DIE GLUT BLASEN

»Ein Blick, der dich dazu bringt, reifer zu werden und weiterzumachen; der dich ermutigt, denn er lässt dich spüren, dass er dich liebt«; der den Mut verleiht, der dazu nötig ist, ihm nachzufolgen. Die Meditation dieses Tages von Papst Franziskus bei der Frühmesse am Samstag, 21. September, ging auf die Blicke Jesu ein. Das Datum spielt in der Biografie Jorge Mario Bergoglios eine entscheidende Rolle, denn auf den liturgischen Gedenktag des hl. Matthäus vor 60 Jahren – es war der 21. September

1953 – führt er die Entscheidung für seinen Lebensweg zurück. Vielleicht betonte der Papst auch aus diesem Grund die Macht der Blicke Jesu, die imstande sind, bei denen, auf denen sie ruhen, das Leben für immer in eine andere Bahn zu lenken.

Gerade so, wie es dem Zöllner geschah, der sein Jünger wurde: »Es ist für mich schwer nachvollziehbar, wie Matthäus die Stimme Jesu vernommen haben soll«, der inmitten einer riesigen Menschenmenge zu ihm sagt: »Folge mir nach.« Ja, der Bischof von Rom ist sich nicht einmal dessen sicher, dass der so Angerufene die Stimme Jesu vernommen habe, er ist sich hingegen sicher, dass er »in seinem Herzen den Blick Jesu gespürt habe, der auf ihm ruhte. Und dieser Blick ist auch ein Antlitz«, das »sein Leben verwandelt hat. Wir sagen: Er hat ihn bekehrt«. In dieser Szene wird aber auch ein anderer Vorgang beschrieben: »Kaum hatte er in seinem Herzen diesen Blick verspürt, da stand er auf und folgte ihm nach.« Deshalb machte der Papst darauf aufmerksam, dass »der Blick Jesu uns immer aufrichtet, uns aufhilft«, uns auf die Beine stellt; niemals »lässt er uns da«, wo wir waren, bevor wir ihm begegnet sind. Und er nimmt uns erst recht nichts weg: »Er erniedrigt dich nie, er demütigt dich niemals, er lädt dich dazu ein, aufzustehen«, und indem er seine Liebe verspüren lässt, verleiht er den erforderlichen Mut, um ihm nachzufolgen.

Das also ist die Fragestellung des Papstes: »Aber wie war dieser Blick Jesu?« Die Antwort lautet, dass es »kein magischer Blick war«. Da Christus »kein Fachmann für Hypnose war«, sondern etwas völlig anderes. Es mag genügen, daran zu denken, »wie er die Kranken ansah und sie heilte« oder daran, »wie er die Menschenmenge anschaute, die ihn rührte, weil er sie als eine Herde ohne Hirten wahrnahm«. Um eine Antwort auf die Eingangsfrage zu erhalten, ist es dem Heiligen Vater zufolge aber vor allem erforderlich, nicht nur darüber nachzudenken, »wie Jesus geschaut habe«, sondern auch darüber, »wie sich die solchermaßen Angeschauten dabei fühlten«, also die Empfänger dieser Blicke. Denn, so erläuterte er, »Jesus schaute jeden an« und »jeder fühlte, dass er ihn anschaute«, ganz als ob er jeden bei seinem eigenen Namen gerufen habe.

Deshalb »verändert« der Blick Jesu »das Leben«. Bei allen Menschen und in jeder möglichen Situation. Selbst in schwierigen Augenblicken, in solchen, in denen man das Vertrauen verliert, fügte Papst Franziskus hinzu. Wie jenem, als er seine Jünger fragt: Wollt auch ihr weggehen? Er stellt diese Frage, indem er ihnen »in die Augen schaut, und sie werden dazu ermutigt, zu sagen: Nein, wir kommen mit dir«; oder wie in dem Augenblick, als Petrus, nachdem er ihn verleugnet hatte, erneut dem Blick Jesu begegnet, »der sein

Herz verwandelt und ihn dazu bringt, bitterlich zu weinen: ein Blick, der alles verändert«. Und schließlich ist da dann »jener letzte Blick Jesu«, der, mit dem er vom Kreuz herab »seine Mutter ansah und den Jünger ansah«: Mit diesem Blick »hat er uns gesagt, dass seine Mutter auch die unsere ist: und die Kirche ist Mutter«. Aus diesem Grunde »kann es uns nur guttun, an diesen Blick Jesu zu denken, ihn betend zu betrachten und uns auch von ihm anschauen zu lassen«. Papst Franziskus kehrte dann wieder zum Evangelium zurück, in dem es weiter heißt, dass Jesus mit Zöllnern und Sündern zu Tische sitzt. »Diese Neuigkeit hatte die Runde gemacht und jeder, bis auf die ›sauberen‹ Leute, fühlte sich zu diesem Essen eingeladen«, kommentierte Papst Franziskus, weil »Jesus sie angeschaut hatte, und dieser Blick auf sie so wirkte, wie wenn auf die Glut geblasen wird; sie haben gespürt, dass es in ihrem Inneren brannte«; und sie haben auch erlebt, »dass Jesus ihnen aufhalf«, dass er sie aufrichtete, »ihnen ihre Würde zurückerstattete«, denn »der Blick Jesu erstattet uns immer unsere Würde zurück, er verleiht uns Würde«.

Schließlich machte der Papst noch eine weitere Charakteristik im Blick Jesu aus: die Großherzigkeit. Er ist ein Meister, der mit dem Abschaum der Stadt zu Tisch sitzt, der aber auch weiß, dass

»unter all dem Schmutz noch die Glut der Sehnsucht nach Gott schwelte«, dass sie darauf hofften, dass irgendjemand »ihnen dabei helfe, ihr Feuer anzufachen«. Und gerade das ist es, was »der Blick Jesu« tut: damals wie heute.

»Ich glaube, dass wir alle diesen Blick im Laufe unseres Lebens gespürt haben«, sagte Papst Franziskus, »und zwar nicht ein Mal, sondern viele Male. Vielleicht in der Gestalt eines Priesters, der uns die Lehre der Kirche vermittelte oder uns unsere Sünden vergab, vielleicht in der Hilfe, die Freunde uns gebracht haben.« Und vor allem »werden wir alle uns vor diesem Blick, diesem wundervollen Blick wiederfinden«. Deshalb gehen wir »im Leben weiter, in der Gewissheit, dass er uns anschaut und dass er auf uns wartet, um uns dann endgültig anzuschauen. Und jener letzte Blick Jesu auf unser Leben wird dann für immer, wird ewig sein.« Um das zu tun, kann man im Gebet alle »Heiligen, die von Jesus angeschaut worden sind«, um Hilfe bitten, damit »sie uns darauf vorbereiten, uns im Leben anschauen zu lassen, und damit sie uns auch auf jenen letzten Blick Jesu vorbereiten.«

*Samstag, 21. September 2013*

Das Sakrament ist kein »magischer Ritus«, sondern ein Werkzeug, das Gott ausgesucht hat, um weiterhin als Reisegefährte auf der Reise des Lebens an der Seite des Menschen zu gehen, um gemeinsam mit dem Menschen die Geschichte zu schreiben, wobei er dann, wenn es erforderlich ist, auf ihn wartet. Und angesichts dieser Demut Gottes muss man den Mut dazu haben, ihn die Geschichte schreiben zu lassen, die auf diese Art und Weise »sicher« wird. Die Gewissheit der ständigen Gegenwart Gottes in den Angelegenheiten des Menschen stand im Mittelpunkt der Predigt, die Papst Franziskus am Dienstag, 24. September, im Verlauf der Messe hielt, die er in der Kapelle von »Santa Marta« feierte.

Der Papst wiederholte zunächst den bei der Schriftlesung vorgetragenen Aufruf des 122. Psalms: »Ich freute mich, als man mir sagte: ›Zum Haus des Herrn wollen wir pilgern.‹« Und »wir haben das getan«, so erläuterte er, »weil die erste Schriftlesung uns an einen freudigen Augenblick des Volkes Gottes erinnert. Einen sehr schönen Augenblick«: den, in dem »ein König der Heiden dem Volk Gottes hilft, wieder in sein Land heimzukehren und den Tempel wieder aufzubauen.« Das bezieht sich auf eine Passage im Buch *Esra* (6,7–8.12.14–20).

»In der Geschichte des Volkes Gottes«, so fuhr Papst Franziskus fort, »gibt es schöne Augenblicke wie diesen hier, die große Freude bereiten, und dann gibt es auch schlechte Augenblicke, solche des Schmerzes, des Martyriums, der Sünde. Sowohl in den schlechten Augenblicken als auch in den schönen gibt es etwas, das immer gleich bleibt: Der Herr ist da. Er lässt sein Volk nie im Stich, denn der Herr hat an jenem Tag der Sünde, der ersten Sünde, eine Entscheidung getroffen, eine Wahl getroffen: die, gemeinsam mit seinem Volk Geschichte zu schreiben.«

»Der Gott, der keine Geschichte hat, weil er ewig ist«, so fügte er hinzu, »hat Geschichte schreiben und an der Seite seines Volkes gehen wollen. Aber noch mehr als das: Er hat einer von uns werden und in Jesus wie einer von uns gehen wollen. Und das spricht zu uns, es sagt uns etwas über die Demut Gottes.« Der gerade in seiner Demut »so unendlich groß« ist. Er »hat an der Seite seines Volkes gehen wollen. Und wenn sich sein Volk durch die Sünde, durch Götzendienst – viele Dinge, die wir in der Bibel sehen – von ihm entfernte, dann war er doch immer da.«

Eine Demutshaltung, die wir auch in Jesus wiedererkennen, so erläuterte der Papst: »An der Seite des Volkes Gottes gehen, mit den Sündern gehen, auch mit den Hochmütigen gehen: wie viel hat doch der Herr getan, um diesen hochmütigen Herzen der

Pharisäer zu helfen. Er wollte an ihrer Seite gehen. Demut. Gott wartet immer, Gott ist an unserer Seite. Gott geht mit uns. Er ist demütig. Er wartet stets auf uns. Jesus wartet stets auf uns. Das ist die Demut Gottes.« Deshalb, so fügte der Papst hinzu, »besingt die Kirche voller Freude diese Demut Gottes, der uns begleitet, so wie wir es im Psalm getan haben: »Ich freute mich, als man mir sagte: ›Zum Haus des Herrn wollen wir pilgern.‹« Wir gehen freudig, dann geht er mit uns, er mit uns.« »Der Herr Jesus«, so betonte er dann, »begleitet uns auch in unserem persönlichen Leben: mit den Sakramenten. Das Sakrament ist kein magischer Ritus, es ist eine Begegnung mit Jesus Christus«: In ihm »begegnen wir dem Herrn. Er ist an unserer Seite und begleitet uns: ein Reisegefährte.« Und »auch der Heilige Geist begleitet uns und lehrt uns im Herzen all das, was wir nicht wissen. Er erinnert uns an all das, was Jesus uns gelehrt hat, und lässt uns spüren, wie schön der gute Weg ist. Und dasselbe tut Gott: Vater, Sohn und Heiliger Geist sind unsere Reisegefährten. Sie treten mit uns in die Geschichte ein.«

»Die Kirche«, so sagte Papst Franziskus weiter, »feiert das voller Freude auch in der Eucharistie.« Und er erinnerte an »dieses schöne eucharistische Gebet, das wir heute beten werden, wo diese große Liebe Gottes besungen wird, der mit uns auch in die Geschichte hat eintreten wollen«. Und wenn er, so schloss er, »in unsere Geschichte eingetreten ist, dann treten auch wir ein wenig in seine Geschichte ein oder bitten ihn zumindest um die Gnade, unsere Geschichte zu schreiben. Dass er uns unsere Geschichte schreibt. Sie ist sicher.«

*Dienstag, 24. September 2013*

### Das Friedensgebet für den Nahen Osten

Die *Scham vor Gott*, das *Gebet*, um die *Barmherzigkeit Gottes* zu erflehen, und volles Vertrauen in den Herrn – das sind die zentralen Punkte der Reflexion, die Papst Franziskus am Mittwoch, 25. September, im Verlauf der Messe in der Kapelle von »Santa Marta« angesprochen hat. …

In seiner Auslegung der Schriftlesungen zum Tage (*Esra* 9,5 – 9; *Lk* 9,1–6) sagte der Heilige Vater, dass ihn vor allem die Passage aus dem Buch Esra an die maronitischen Bischöfe habe denken lassen, und wie üblich fasste er seine Überlegungen in drei Schlüsselbegriffen zusammen. Vor allem das Schamgefühl und die Verwirrung Esras vor Gott, die so weit geht, dass er es nicht wagt, seine Augen zu ihm aufzuheben. Die Scham und Verwirrung, die wir alle über die von uns begangenen Sünden verspüren, die uns in die Knechtschaft geführt haben, da wir Götzen gedient haben, die nicht Gott sind.

Der zweite Schlüsselbegriff ist der des Gebets. Dem Beispiel Esras folgend, der kniend seine Hände zu Gott erhebt, um dessen Barmherzigkeit zu erflehen, sollen auch wir unserer unzähligen Sünden wegen dasselbe tun. Ein Gebet, das, wie der Papst sagte, auch für den Frieden im Libanon, in Syrien und im ganzen Nahen Osten gesprochen werden muss. Das Gebet, so sagte er, sei immer und stets der Weg, den wir einschlagen müssen, um mit den schwierigen Augenblicken fertig zu werden, wie etwa den allerdramatischsten Prüfungen und dem Dunkel, das uns mitunter in unvorhersehbaren Situationen umgibt. Um einen Ausweg aus alledem zu finden, so betonte der Papst, müsse man ohne Unterlass beten. Schließlich absolutes Vertrauen in Gott, der uns nie verlässt. Das ist der dritte Schlüsselbegriff des Heiligen Vaters. Wir haben die Gewissheit, sagte er, dass der Herr bei uns ist, deshalb müssen wir eifrig weitergehen, mit der Hoffnung, die uns Stärke verleiht. Das Wort der Hirten flößt den Gläubigen Vertrauen ein: Der Herr wird uns nie im Stich lassen.

Im Anschluss an die Kommunion richtete Kardinal Béchara Raï eine Dankadresse und einen sehr herzlichen Gruß im Namen aller teilnehmenden Bischöfe, aller Maroniten und des ganzen Libanon an den Heiligen Vater, wobei er ihre Treue zu Petrus und seinem Nachfolger bestätigte, »der uns auf unserem oft dornenreichen Weg unterstützt«. Er dankte dem Papst vor allem für den starken Impuls, den dieser den Friedensbemühungen gegeben habe: »Ihr Gebet und Ihr Aufruf zum Frieden in Syrien und im Nahen Osten hat Hoffnung und Trost gesät.«

*Mittwoch, 25. September 2013*

### JESUS KENNEN

Um Jesus wirklich zu kennen, muss man mit ihm sprechen, mit ihm einen Dialog führen, während wir ihm auf seinem Weg folgen. Das Thema der Kenntnis Jesu stand im Mittelpunkt der Predigt, die Papst Franziskus am Morgen des 26. September in »Santa Marta« gehalten hat. Ausgangspunkt war der Abschnitt aus dem *Lukasevangelium* (9,7–9), in dem Herodes darüber nachdenkt, wer dieser Jesus ist, von dem man so viel hörte. Die Person Jesu, so der Papst, habe häufig Fragen hervorgerufen wie: »Wer ist er? Woher kommt er? Denken wir zum Beispiel an Nazaret, in der Synagoge von Nazaret, als er zum ersten Mal zurückgekommen ist: Aber wo hat er diese Dinge gelernt? Wir kennen ihn gut: Er ist der Sohn des Zimmermanns. Denken wir an Petrus und die Apostel nach jenem Sturm, den Jesus gestillt hat. Aber wer ist dieser, dem der Himmel und die Erde gehorchen, der Wind, der Regen, der Sturm? Wer ist er?« Diese Fragen, erklärte der

Papst, könne man aus Neugier stellen oder um Gewissheit darüber zu erlangen, wie man sich ihm gegenüber verhalten solle. Es bleibe jedoch die Tatsache, dass jeder, der Jesus kenne, sich diese Fragen stelle. Sich wieder auf das Evangelium beziehend, fuhr der Papst fort: »Einige beginnen, Angst zu haben vor diesem Mann, weil er sie zu einem politischen Konflikt mit den Römern führen kann«, und deshalb meinen sie, dass sie »diesem Mann, der viele Probleme verursacht«, besser keine große Beachtung schenken sollten.

Der Papst fragte weiter, warum Jesus Probleme bereite. »Man kann Jesus nicht kennenlernen, ohne Probleme zu haben«, war seine Antwort. Es sei paradox: »Wenn du ein Problem haben willst, dann mache dich auf den Weg, der dich dazu führt, Jesus kennenzulernen.« Dann gebe es sehr viele Probleme. In jedem Fall könne man Jesus nicht »in der ersten Klasse« oder »in Ruhe« kennenlernen, noch weniger »in der Bibliothek«. Jesus lerne man nur auf dem Weg des alltäglichen Lebens kennen. Und man könne ihn »auch im Katechismus« kennenlernen, bestätigte Papst Franziskus. »Das ist wahr! Der Katechismus lehrt uns viele Dinge über Jesus und wir müssen ihn studieren, wir müssen ihn lernen. So lernen wir, dass der Sohn Gottes gekommen ist, um uns zu retten, und wir verstehen aus der Schönheit der Heilsgeschichte die Liebe des Vaters.« Es bleibe aber die Tatsache bestehen, dass auch die Kenntnis Jesu durch den Katechismus »nicht ausreichend« sei: ihn mit dem Verstand zu kennen, sei ein erster Schritt, aber es sei notwendig, »Jesus im Dialog mit ihm kennenzulernen. Indem man mit ihm spricht, im Gebet, auf den Knien. Wenn du nicht betest, wenn du nicht mit Jesus sprichst, dann kennst du ihn nicht.«

Schließlich gebe es einen dritten Weg, um Jesus kennenzulernen: »Das ist die Nachfolge, mit ihm gehen, seine Wege gehen.« Und während man mit ihm gehe, lerne man »Jesus in der Sprache der Aktion kennen. Wenn du Jesus in diesen drei Sprachen kennst: Verstand, Herz, Aktion – dann kannst du sagen, dass du Jesus kennst.«

Diese Art von Erfahrung zu machen, das umfasse die persönliche Einbeziehung. »Man kann Jesus nicht kennen«, wiederholte Franziskus, »ohne sich selbst mit einbeziehen zu lassen, ohne sein Leben auf ihn zu setzen.« Um ihn wirklich kennenzulernen, sei es daher notwendig, »zu lesen, was dir die Kirche über ihn sagt, mit ihm im Gebet zu sprechen und mit ihm auf seinem Weg zu gehen«. Das sei der Weg und »jeder«, so der Papst abschließend, »muss seine Wahl treffen«.

*Donnerstag, 26. September 2013*